De Fez a Sevilla

Juan Ignacio Luca de Tena, 15. 28027 Madrid

1.ª edición, septiembre 1998

ISBN: 84-207-8995-X
Depósito legal: M. 31.705-1998
Impreso en Anzos, S. L.
La Zarzuela, 6
Polígono Industrial Cordel de la Carrera
Fuenlabrada (Madrid)
Impreso en España - Printed in Spain

M.ª Carmen de la Bandera

DE FEZ
A
SEVILLA

ANAYA

A Pepe, que siempre me ayuda.

Los recuerdos

El sol no terminaba de arrinconar completamente a las tinieblas. Cantó el penúltimo gallo de la alborada. Sevilla, la ciudad alegre y triste, la ciudad dulce y cruel, salía de su letargo abandonando los ruidos de la noche (quiquiriquíes, alertas de soldados en los torreones de la muralla, entrechocar de chuzos, lanzas y espadas de la ronda nocturna, croar de las ranas en la charca de Cantarranas[1]...) y se poblaba de ruidos con ambiciones de vida.

Mugían los bueyes que pastaban en las huertas próximas al convento de Santa Clara. Cerca de la catedral iban llegando los canteros para labrar, al aire libre, los bloques de piedra transportados en carretas. Los toneleros entonaban su estruendosa sinfonía junto a la calle de San Vicente. Las recuas de mulos anunciaban la llegada del pan desde Alcalá de Guadaira y con sus cascos rompían las agrietadas costras del pavimento. Los soles de primavera habían secado los fangos de las últimas lluvias. Los chirrioneros[2], los arrieros, los muleros y todos los que se dedicaban al transporte, estaban contentos porque los atascos en los lodazales habían terminado. Pasaban los hortelanos de El Aljarafe con sus hortalizas y frutas para los mercados. Se oían gritos de pregones por todas las esquinas.

---

[1] Actual Gravina.

[2] El chirrión era un coche ligero tirado por un caballo.

Las campanas de las iglesias llamaban para la santa misa, las de los conventos invitaban a maitines.

Carmen, en duermevela, más en vela que en duerme, trataba de ahuyentar sus recuerdos, de arrinconar sus tinieblas. Los plazos se agotaban y tenía que tomar una decisión. Eran muchos treinta y un años para una mujer que permanecía soltera. En su tormenta particular, comprendía que no tenía derecho a quejarse. Sus males eran males de amores difíciles de curar. ¿Qué podía pedir ella en medio de gente que se moría por el hambre y la enfermedad? No le faltaba de nada, ¿o sí? Estaba cansada de oírlo decir a su familia, que la rodeó de cariño cuando, a la marcha de Samuel, estuvo tan enferma. Entonces quiso morir. Entre todos la salvaron. ¿La salvaron? Estaba confusa.

Con parsimonia fue saliendo de su letargo. El grito de un aljarafeño pregonando aceite, le hizo saltar de la cama. Ya la carnicería estaba abierta y los primeros clientes empezaban a llegar. La jornada de todos los de casa comenzaba temprano. Carmen era la última en aparecer. Desde su enfermedad, la mimaban. Fue duro verla en aquel mutismo, en aquel aislamiento. Para ella dejó de existir el día y la noche, dejó de existir el mundo. Sólo el recuerdo de Samuel.

Abrió las puertas del cierro[3]. Un chorro de primavera la hizo temblar. Deseaba y temía que llegasen los abriles con su saca de recuerdos. Allí estaba uno más, inocente, acusador, trayéndole imágenes que amaba y temía.

Un abril, víspera de Semana Santa, conoció a Samuel. Él tenía doce años y ella trece. ¡Cuántos amores! ¡Cuántos sueños compartidos! ¡Cuántas tardes de caricias! ¡Cuántos desencuentros! ¡Cuántas amarguras! Habían pasado los mejores momentos y los más amargos de sus vidas.

---

[3] En Andalucía, «mirador».

Como todos los enamorados, soñaron con envejecer juntos. Él sería un gran médico, talento no le faltaba; ella, su apoyo, su compañera. «Pase lo que pase», se habían jurado muchas veces. Y pasaron tantas cosas, tan crueles, tan injustas... que le faltó valor para seguirle. Él no quería verla involucrada en su desgracia y Carmen pensaba que fue peor, porque además de los recuerdos, además de las ausencias, los remordimientos la amargaban: «Fui una cobarde, nunca debí dejarle, tenía que haber compartido su destierro». Esto era su mayor tortura. «Ayer estuve viendo nuestro olivo —hablaba consigo misma—. Está en flor, precioso. Samuel tenía razón: "Mejor buscar esta sombra para nuestra despedida. Es símbolo de paz —decía—. Llegarán otros tiempos sin guerras y sin persecuciones para los que pensamos de manera diferente". Estuvimos mirándonos un rato sin hablar —recordaba—. Temíamos que el temblor de las palabras delatara nuestro ánimo. Estábamos a punto de llorar y ninguno quería amargar nuestro último encuentro. Tardé un rato en recuperarme. "Sí —pude decir—, además el olivo vive muchos años. Así, cuando nos encontremos, volveremos a él." Enterramos nuestros símbolos en un hoyo profundo. Allí permanecen: árbol, cruz y estrella, testigos mudos de nuestro dolor.»

Buscó sus tesoros. Besó, como siempre, la rama de olivo que, cansada y vieja, había dejado caer las hojas secas al fondo de la caja. Hizo sus primeras oraciones a su Dios, al mismo Dios que rezaba Samuel. ¿Por qué entonces tanto odio a causa de la religión? Nunca lo entendieron. No perdía la esperanza de que algún día ese Dios que una vez los desoyó, volviese a juntarlos.

Comenzó a vestirse. El médico, todos le aconsejaban que no viviese de los recuerdos, que se aferrara al presente. En su embeleso chocó con la silla cubierta con una rica tela, regalo de Marcelo. Allí estaba el presente. Debería llevarla a la modista para poder lucir el traje el Domingo de Ramos. Siempre igual. Como cada Semana Santa, ese afán por estrenar que en otro tiempo la llenaba de ilusión. ¿Y ahora? Aquella lujosa tela la dejaba impasible. El regalo era muy valioso. ¿Se equivocó al aceptarlo? Aún no estaba preparada para tomar una decisión tan trascendente. Aún no había perdido las esperanzas del retorno de Samuel. ¿Y si volvía y ella ya estaba unida a otro hombre? Nunca se lo hubiese perdonado. Pero tanto tiempo... Todos la presionaban. Menos mal que Marcelo estaría ausente durante varios meses.

Acarició la preciosa tela de brocado. Volvió al cierro. En ese momento cruzaba la calle un grupo de hombres de los que conducían los barcos desde Córdoba. Voceaban lamentando el accidente que el «ingenio», la máquina encargada de la carga y descarga, había producido en La Barqueta, donde estaba el muelle, y que había costado la vida a varios compañeros. «¿De qué me quejo?», se reprochó una vez más. Desoyendo los consejos de todos, las recomendaciones del médico, sacó la última carta de Samuel. Leyó:

Queridísima Carmen: Te escribo desde Fez, en África. ¡Cuánta distancia nos separa! Ha pasado mucho tiempo desde la última vez que te escribí.

De sobra sabes que no ha sido por olvido. Jamás pensé que tendría que sufrir tanto. No sé ahora mismo si el estar vivos aún, tanto mi familia como yo, es una suerte o una desgracia. Hemos visto morir a muchos de los nuestros y, créeme, he llegado a sentir envidia de ellos. Ya no sufrirán más atropellos, ni soportarán más humillaciones. Estábamos a punto de situarnos; el negocio del transporte con el carro y el reparto del agua no había ido mal del todo. Mi padre estaba en trato para comprar una casita y poder empezar con su taller. ¡Menos mal que no lo hizo! Hubiese sido peor para deshacerse de todo.

Cuando tuvimos noticias del decreto de expulsión, no quisimos esperar. Esta vez no había nada que vender. Nos inventamos cuarenta trucos para poder sacar el dinero que teníamos. Fuimos de los primeros en salir hacia Portugal, pero las condiciones que ponía el rey para nuestra estancia allí no podíamos soportarlas. Nuestro capital no daba para tanto, así que decidimos marchar a Lisboa para embarcar hacia África.

Con algunas lonas hicimos una vivienda. ¡Qué viaje! A pesar de la primavera, hacía frío y la lluvia no nos dejaba avanzar. Las bestias y el carro se atascaban por los caminos de fango. Lo poquito que teníamos que comprar para subsistir nos lo cobraban diez veces más de su valor. ¡Todos abusando de nuestra situación desesperada! Viajamos mis padres, Raquel y yo. David se quedó con Rut, que esperaba un bebé en pocas semanas. Rebeca, aparte de acompañar a su hija, tenía que esperar para vender la casa. Emprenderían viaje junto con otro matrimonio judío; los mismos que la atendieron, cuando hace años, llegó huyendo de Sevilla.

Después de pagar un pasaje carísimo, partimos para África. Éramos de los primeros que lo hacíamos. Luego hemos sabido que de los puertos de Portugal y Andalucía han salido otros barcos con menos fortuna que el nuestro. Muchos han naufragado y otros han llegado maltrechos después de tanta borrasca.

Aquí hace un calor espantoso. Tenemos una casa de paja; todo el poblado es así y la mayoría de los que viven en él son judíos. Montamos guardia entre todos, porque los moros están al acecho a ver lo que nos pueden robar. De momento es-

tamos viviendo de lo que nos queda. Esperamos encontrar algún medio de vida.

He pensado muchas veces en pedir el bautismo cristiano y volver contigo. Hubiera pasado a formar parte de los que llaman «marranos». Te he dicho muchas veces que por ti lo que sea, pero te hubiese traído malas consecuencias y además habría estado vigilado por la Inquisición. Tampoco puedo abandonar a mis padres y a mi hermana en estas circunstancias

Carmen querida, no te preocupes más por mí; espero que aquí nos quedaremos y saldremos adelante. Bastantes años de tu vida me has sacrificado. Acepta el matrimonio de algún hombre. Se me desgarra el alma al decirte esto, pero sé que no tengo derecho a otra cosa. No hay ninguno que te merezca, ni yo: eres la mujer más maravillosa que hay, pero no quiero imaginarte una solterona vieja y amargada.

Si alguna vez tienes hijos, cuéntales que hubo una pareja de jóvenes enamorados a quienes la intolerancia y la envidia no dejaron realizar sus sueños. Enséñales a amar y a comprender a todos por encima de ideologías y creencias.

Vida mía, no sé si recibirás esta carta. La tendré siempre preparada al lado de las tuyas y de nuestra ramita. Algún día alguien podrá llevarla; si no, morirá conmigo.

No quiero seguir porque sé que mis desdichas te producen pena. Sé todo lo feliz que te mereces.

Amor mío, los besos más apasionados que jamás daré, todos para ti. Tuyo siempre,

Samuel

Los dobleces del papel avisaban que, con tanto abrir y cerrar, la carta podría romperse. La dobló con el mayor esmero antes de depositarla en la caja. Cogió una copia de la que ella le respondió. Sus sentimientos estaban tan vivos como el día que los escribió.

Querido Samuel: No acierto a entender lo que ha ocurrido. ¿Cómo es posible que unos Reyes que se llaman Católicos firmaran aquel decreto tan cruel? ¿Cómo es posible que en nombre de la fe de Cristo se cometan atropellos semejantes? Espero y deseo que cuando recibas esta carta vuestras calamidades hayan terminado. Mi Dios, tu Dios, que a tantas pruebas os somete, así lo habrá querido. ¡Ojalá!

Me siento culpable de nuestras soledades. Cuando estabais en Badajoz debí decidirme. Cuántas veces nos prometimos: «Juntos pase lo que pase», y por mi cobardía no corrí hasta ti, que tanto me necesitabas. Si quiero encontrar algún consuelo, algún alivio a mis remordimientos, pienso que nunca pude imaginar que os arrojaran del país. Esperaba que nos encontraríamos cuando las cosas estuviesen más calmadas. Ahora nos separa el mar. A pesar de todo, estaré atenta por si encuentro la más mínima ocasión. Como sea, iré en tu busca. No me importarán las calumnias, los malévolos comentarios, ni siquiera el disgusto de mi familia. Dime que vaya e iré. Tú y yo sabemos que lo hago por amor y no creo que Dios lo vea como pecado. Sé que es muy difícil porque el mundo no está hecho para que las mujeres podamos caminar solas. Sé los riesgos que puedo correr, pero si tú me estás esperando nada me detendrá.

La aljama está muy sola. Paseo por ella muy a menudo y observo cómo poco a poco se va poblando con los inquilinos que han comprado vuestras casas. Todo el dinero que sacan de las ventas, va a las arcas de los reyes, que, con la guerra de Granada, han tenido muchos gastos. Pero según me dicen, la venta de todos vuestros bienes cubre los gastos del tribunal de la Inquisición (ironías del destino), que sigue llevando gente a la hoguera. No se te ocurra venir porque serías uno de los que engrosaría la lista de condenados.

La guerra con los moros ha terminado. Los reyes entraron

victoriosos en la última ciudad que quedaba en su poder. Aquí hubo muchas fiestas para celebrar tal acontecimiento. A mí no me interesa nada ni nadie si no estás tú. Sólo salgo a recorrer nuestros sitios, a ver nuestro olivo, a adivinar nuestro hoyo profundo, donde depositamos nuestros distintivos. Allí permanecerán para siempre.

Mi familia insiste para que salga, para que te olvide, pero no lo conseguirán.

Sé todo lo feliz que te mereces. Besos y todo mi amor,

Carmen

El esbozo de una sonrisa adornó su cara. «Y pensar que fue Marcelo el portador de ambas cartas...» Terminó de sonreír.

La circuncisión

Samuel estaba satisfecho, pero no pudo soportar el correr de la sangre y apartó la vista hacia otro punto. Pensó que aquel niño podría ser su hijo. Su hijo y de Carmen, con el que tanto habían soñado.

Las mujeres entonaban cánticos alegres en un tono cada vez más fuerte para así acallar los gritos de dolor del circuncidado.

Siguiendo la tradición bíblica y según hizo el patriarca Abraham con su hijo Isaac, el padre debía ser el que realizase la operación, pero después de algunas experiencias nada favorables y para evitar riesgos, éste entregaba al rabino operador los instrumentos guardados en una caja de plata, dándole el encargo de hacerlo en su lugar.

El rabino sacó de la caja una navaja de hoja ancha ligeramente curvada, un instrumento de plata en forma de lira, la modrasa, que servía para coger, a guisa de pinzas, la parte de la piel que debería cortar, y una botellita con polvos cicatrizantes. Para contener la hemorragia utilizaría un pequeño trozo de lienzo mojado en clara de huevo, que se coagula al contacto con la carne.

El mohel, o ayudante, puso debajo del órgano operado una caja llena de tierra para empapar la sangre, todo un símbolo del Arca del Sacrificio que se encontraba en el templo de Jerusalén. También recogió en otro recipiente la parte de piel seccionada. Una vez lleno con otras muchas pieles, sería enterrado en un cementerio judío.

El operador recitó la oración de costumbre y, con un vaso de vino en la mano, mojó su índice en el rojo líquido y se lo dio a chupar al pobre circuncidado para que cesara de llorar. Terminada la bendición, los asistentes, uno tras otro, se apresuraron a probar el vino del vaso. Era un primogénito y varón; por tanto, se le impuso el nombre de Moisés, como el abuelo paterno.

El bebé, ya calmado y en un estado de semiembriaguez, fue depositado en brazos de su madre. Rut lo estrechó y lo dio a besar a David, el padre, y luego a los abuelos, Moisés y Sara. En rigurosa jerarquía, los siguieron Samuel y su hermana Raquel. Terminaron la abuela materna, Rebeca, y su hija.

Los aplausos llenaron el recinto y comenzó la fiesta en medio de la alegría general. Todo eran parabienes y buenos deseos para el nuevo miembro de la comunidad. La música sonó, dominando el pandero, recuerdo de su lejana Andalucía.

David y Rut, que habían permanecido en Portugal hasta el nacimiento de su hijo, no acertaban a creer lo que estaba ocurriendo. La circuncisión fue más tardía que de costumbre, pero las circunstancias se impusieron. Recién llegados, ocurrió el incendio del poblado. Nadie supo cómo fue. Alguien dio la voz de alarma. Apenas hubo tiempo para salir de las guaridas de paja en las que se refugiaban y vivían aquel puñado de perseguidos, de exilados, de expulsados de su tierra: España. Algunos perecieron al no abandonar con rapidez las teas incendiarias. Los desterrados se quedaron sin nada material con que mitigar su dolor.

Samuel, joven y fuerte, expuso su vida y evitó que la

tragedia fuese aún mayor. Desde entonces, él y su familia eran amados y respetados.

Todos los judíos consideraban sus desgracias como pruebas enviadas por Dios. Esto les daba fuerzas para seguir luchando y dar gracias por conservar el don más preciado del hombre: la vida. Eran tiempos pasados. Resurgieron como el ave fénix de sus cenizas y, en lugar del poblado de paja, se veían ahora casitas de adobe modestas, limpias y encaladas. Los habitantes eran de regiones tales como Extremadura, Levante, pero predominaba el elemento andaluz, sobre todo sevillano. De ahí ese afán por la cal.

Se reunieron según la provincia de procedencia y cada grupo hizo su sinagoga. Para entierros, bodas, circuncisiones o en caso de necesidad, la unión era perfecta y todos estaban obligados a acudir en ayuda del hermano.

En medio del jolgorio, los rabinos reclamaron la atención de los presentes. Se hizo el silencio. Habló el rabino de la sinagoga de Sevilla:

—Hermanos, el motivo que hoy nos congrega es el de acoger a un nuevo miembro en nuestra comunidad: Moisés, hijo de David y Rut. Dios le dé larga vida, salud y fuerza para afrontar las pruebas que Él quiera enviarle.

»Antecedentes no le faltan, puesto que pertenece a una de las familias más queridas y respetadas. Sus padres se conocieron cuando su madre huía desde Córdoba y Moisés Leví, el abuelo, como buen judío, le brindó su hospitalidad. El niño vino al mundo en las condiciones de persecución y destierro más adversas que puedan imaginarse. Sobrevivieron y aquí estamos todos para celebrarlo. Expresamente quiero dar las gracias a su tío Samuel, que tanto amor y tanta solidaridad muestra con todos aun a costa de su vida, como demostró sobradamente durante el incendio.

»Un recuerdo especial a los hermanos que desaparecieron durante la travesía y a los que, a su llegada, moros desaprensivos, aprovechándose de su desvalimiento, robaron y ejecutaron después de indecibles torturas. Dios los tenga en su seno. Una vez más, el pueblo judío ha superado todas las pruebas. Gracias, Dios mío, con tu ayuda hemos podido. Conservemos nuestra unión, nuestra identidad. El espíritu emprendedor, el espíritu de trabajo que caracteriza a nuestra raza, no se puede perder. Dominada la miseria, debemos darnos cuenta de la oportunidad del momento. Fez es un centro comercial de mucha importancia. Ya sé que muchos de vosotros mantenéis relaciones comerciales con gentes de Inglaterra, Italia, Francia, Países Bajos y otros puntos. Adelante. Además del bienestar que esto pueda reportarnos y que tenemos merecido, nos traerá el respeto de nuestros vecinos. El sultán es bueno y tiene dadas órdenes de que se nos proteja. Debido a nuestra preparación, algunos son solicitados en la administración del estado, en las cancillerías y embajadas. Hagamos bien nuestro trabajo y demostremos que somos dignos de su confianza.

»La caja comunal está esperando vuestros donativos, cada uno según sus posibilidades y conciencia. Que ninguno de nosotros se vea en la pobreza mientras que otros gozan de lujos. Ahora que la fiesta continúe. Bebed el vino con moderación.

Las mujeres organizadoras del festejo siguieron repartiendo dulces, pasas, garbanzos tostados y otras viandas muy del agrado de los comensales.

—Buscan a Samuel Leví —sobresalió una voz en medio del barullo.

¡Menuda sorpresa! La casa era pequeña, y los invitados ocupaban todas las estancias a excepción de la habitación matrimonial donde descansaba el niño motivo del homenaje.

Samuel salió a los requerimientos de la voz. Fuera, en la puerta, lo esperaba un señor de buen porte que vestía el atuendo típico de los árabes.

—¿Samuel Leví? —preguntó en un perfecto castellano.

—Sí, soy yo —respondió cada vez más perplejo.

—Soy Jusuf al Jatib —dijo mientras hacía una reverencia como saludo—. Acabo de llegar de España con un recado para usted.

—¿Para mí? —Pensó en Carmen.

—Vengo de Granada. Como sabrá, la ciudad y todo el reino están ahora bajo el poder cristiano. Ha sido una guerra muy larga y cruel. Desde su rendición, convivimos árabes y cristianos. Los reyes prometieron respetar nuestras leyes y costumbres. Desgraciadamente no es así y cada día son más los cristianos que asumen el papel de vencedores y nos humillan con sus desprecios y arrogancia. Como no quiero más problemas y viendo que las cosas pueden ir a peor, he decidido afincarme en Fez, en mis raíces. Aquí mi familia vivirá tranquila. Yo tendré que seguir viajando a la península y a otros muchos sitios. Fui consejero de nuestro rey Boabdil. Esto me facilita muchos contactos con personalidades. Por todo, ha sido fácil emprender mi nueva andadura de comerciante.

—Créame que lo siento, pero no sé qué tengo yo que ver en todo esto. Dígame exactamente para qué me requiere —respondió Samuel, impaciente.

—Afortunadamente, no todos los cristianos son malvados. Hay quienes respetan las reglas de convivencia. Entre ellos encontré a un soldado de Sevilla, José, valiente y noble donde los haya. Me ha pedido que le traiga una carta.

—Siento lo que les ha ocurrido. De persecuciones sabemos bastante los judíos —dijo Samuel, defraudado porque la comunicación no era de Carmen y al mismo tiempo alegre e impaciente por recibir noticias de su amigo.

—Tome —Jusuf le entregó el rollo que llevaba guardado en la manga de la túnica.

A pesar de su impaciencia por conocer el contenido de la comunicación, Samuel quiso ser cortés con el recién llegado.

—Pase y comparta con nosotros un día de júbilo. Estamos celebrando la circuncisión de mi primer sobrino.

—Gracias, mis ocupaciones no me lo permiten. Su amigo me insistió en que llevase respuesta de la misiva. Embarco dentro de una semana, rumbo a Málaga. Si así lo estima, lléveme la carta a esta dirección. Mi familia y yo estaremos encantados de recibirle en nuestro nuevo hogar.

Le extendió un pequeño pergamino.

Se despidió el forastero. Samuel volvió a la fiesta. Era uno de los anfitriones y debía seguir atendiendo a los invitados. Se le acercó su madre.

—Hijo, ¿quién te buscaba?

—Era un árabe que me trae noticias de mi amigo José, de Sevilla.

—Estarás impaciente por leer el comunicado.

—Sí, pero puedo esperar a que todos se hayan marchado. Quiero hacerlo tranquilo y sin curiosos.

—Tienes razón, hijo. Entonces, con mayor motivo, estarás de acuerdo conmigo en lo que voy a decirte.

—Dígame, madre.

—El niño ya tiene ocho meses. Hace tiempo, pues, que esta ceremonia debería haberse celebrado. No pudo ser, como sabes. Ahora, algunos invitados quieren aprovechar para realizar el rescate[1]. Yo opino que es demasiado tanta emoción en un mismo día. Creo más oportuno esperar. Las cosas están cambiando, ya habrá ocasión.

—De acuerdo, madre, se lo diremos a todos y espero que comprendan.

Samuel siguió sirviendo con atención a los componentes del festejo, que cada vez estaban más animados. Lo hacía como un autómata porque en su cabeza se superponían las imágenes: los encuentros clandestinos con Carmen en la cabaña, las meriendas compartidas, las rabietas mitigadas por José, sus paseos por el campo mientras cuidaban el rebaño, las tardes bajo el olivo para enseñar a su amigo a leer y a escribir, la despedida en aquella brumosa mañana comienzo de su destierro. No, no se habían olvidado. Tocó el rollo que guardaba bajo su camisa. ¿Qué le diría? José nunca le falló.

[1] Según una tradición basada en un pasaje del Antiguo Testamento, todo primogénito varón era entregado a una persona llamada Cohen. Después de diversos ritos en los que el Cohen simulaba quererse llevar al niño, los padres, para rescatarlo, debían entregar cinco monedas.

La epidemia

A pesar de la epidemia, Sevilla seguía siendo una ciudad cosmopolita, animada, bulliciosa, donde el dinero y la fiesta convivían con la miseria y el dolor. Raro era el día que no se festejaba el regreso de algún soldado destacado por su bravura durante la guerra de Granada.

Carmen estaba extenuada. Con andar cansino y pausado recorrió la calle de Génova[1]. Se detuvo a contemplar un magnífico palacete que permanecía cerrado. Era la casa de Marcelo. «La verdad es que el hombre tiene buen gusto», admitió. Siempre que pasaba no podía reprimir el impulso de mirar.

El atardecer trajo una leve brisa que en algo alivió el tórrido calor de julio. Una multitud variopinta abarrotaba la plaza de San Francisco. Los más destacados ocupaban las tribunas instaladas al efecto. Desde los cierros y azoteas, desde todas partes, las gentes contemplaban las carreras de caballos, los torneos, los tiros con arco y los eventos festivos que llevaban sucediéndose a lo largo del día. Intentó hacerse un hueco entre la masa humana. Cualquier cosa que la pudiese distraer después de contemplar tanto dolor, le vendría bien.

—¿En honor de quién son las fiestas? —preguntó.

[1] Actual Avenida de la Constitución.

—En honor de don Alonso de Ojeda —respondió su vecino más próximo.

—¿Quién es ese señor que tanto revuelo despierta?

—Mujer, parece mentira que no conozcas las hazañas de don Alonso.

—Cuéntame.

—Ha sido en la guerra de Granada uno de los caballeros más destacados, a pesar de su juventud. Pero antes de marcharse a la contienda ya era aquí muy popular.

—Y yo sin enterarme de nada. Venga, empieza la historia —dijo Carmen llena de curiosidad.

—Resulta que, cuando comenzó la guerra, los reyes estuvieron en Sevilla para solicitar ayuda: hombres, dinero, caballerías, en fin, todo lo que les hacía falta para una empresa tan importante.

—Eso ya lo sé.

—Pues don Alfonso tenía entonces quince años, era paje de la casa real y estaba empeñado en tomar parte en la lucha. Naturalmente, nadie le hacía caso, no porque fuese un cobarde, sino por su extrema juventud.

—Es lógico, con quince años no se puede ser soldado en una guerra como ésa.

—Para llamar la atención de los reyes y demostrar su valor —continuó el narrador—, un día que éstos visitaban la catedral se subió a la Giralda, que estaba en obras, y desde lo alto lanzó una naranja cuando salía la comitiva. Todos alzaron la vista hacia el lugar de donde procedía la fruta.

—¡Vaya bromita!

—Se asustaron cuando vieron al chico sobre una viga que sobresalía en el vacío. Seguía haciendo juegos malabares con otras naranjas sin importarle el riesgo.

El corro de los que escuchaban aumentó. Aunque la mayoría conocía la historia, les gustaba oírla de nuevo.

—Cuando todos estaban aterrados sin comprender lo que pretendía el mozalbete, éste volvió al campanario y bajó a la calle, donde lo esperaban unos guardias que lo llevaron a presencia de los reyes para que les diera una explicación. «Majestades (dijo con todo respeto), he tenido que hacer esto para demostraros que valor no me falta. Mucho más empeño pondré si me permitís tomar parte en la lucha contra el infiel.» La reina quedó sorprendida de tanto arrojo y no sólo le dio un puesto en el ejército, sino que le concedió la banda de alférez. Ahora ha vuelto victorioso después de haber demostrado sobradamente su bravura.

Carmen continuó un rato entretenida viendo las carreras de caballos y la destreza de los jinetes. La gente aplaudía enardecida y coreaba los nombres de los favoritos.

Antes de llegar a la plaza de la Alfalfa, donde estaba su casa, y a pesar del cansancio, quiso pasarse por la de su hermano, que vivía en la plaza del Pan. Necesitaba hablar con alguien. Afortunadamente se llevaba bien con Lola, su cuñada. Fue siempre su mejor amiga y, en contra de lo habitual, desde que formaba parte de la familia sus relaciones se habían estrechado.

—Te veo muy desmejorada —le comentó la cuñada.

—Llevo dos noches casi sin dormir. Estoy deseando llegar a casa, pero no me resisto a pasar sin ver a los niños.

—Han salido con Aixa. Jugarán un rato en las afueras, ya sabes lo que les gusta corretear. Y ahora que el aire de la ciudad está tan enrarecido, es mejor que respiren el del campo. No se da abasto a enterrar a los muertos y con estos calores... Bueno, así hablaremos más tranquilas.

—Vengo del hospital. ¡Pobre gente! ¡Si vieses cómo sufren y cómo mueren! Es un horror. Fíjate que la riada de hace tres años fue espantosa, murió mucha gente y arruinó a otra, pues yo creo que esto es aún peor.

—Desde luego, no sé cómo tienes valor de estar tantas horas con ellos. Si no te contagias, será un milagro.

—Alguien los tiene que atender. Yo no tengo hijos a quien cuidar ni familia que me necesite —comentó con un rictus de amargura.

—No digas eso, todos te queremos y te necesitamos. Y si no te has casado, ha sido porque no has querido. Todavía estás a tiempo.

—Ya lo sé. Luego hablaremos de eso. Ahora mis enfermos son lo primero.

—No digas mis enfermos. No son tuyos. No te lo tomes de esa manera.

—Cuando se les conoce, se les quiere. En los años que llevo en el hospital he visto de todo, pero ahora con la epidemia es terrible.

—¿Se sabe ya de qué enfermedad se trata?

—Sí, le llaman mal de San Antón. No todos los afectados tienen los mismos síntomas. Por eso las autoridades estaban desconcertadas. A unos se les manifiesta con grandes convulsiones, a otros con los pies o las manos gangrenados y a algunos con ambas cosas. Sufren muchísimo y lo mejor que se les puede desear es una muerte rápida.

—¿Y cómo se ha producido?

—Parece que ha sido por un cargamento de centeno que llegó de Inglaterra. Estuvo mucho tiempo en las bodegas y se plagó de cornezuelo. Toda la harina estaba parasitada. Se vendió muy barata. Ya sabes que el trigo está muy caro. Desde que se lo llevaban casi todo para los soldados de la guerra de Granada, subió tanto que los pobres no lo pueden comprar. Se sustituyó por el centeno y, ya ves, siempre les toca a los mismos. Y hoy aún estoy más desolada.

—¿Por qué?

—¿Recuerdas que te he hablado muchas veces de nuestro amigo José? ¿Recuerdas que se marchó a la guerra de Granada a ver si así sacaba a su familia de la miseria?

—Sí, me lo has referido muchas veces. ¿Qué ha sido de él?

—Ahora te cuento. Es un buen muchacho y un buen amigo, siempre lo demostró. Todo el dinero que ganó en la guerra lo envió a su familia. Los pobres pudieron comprarse una casita más decente, detrás de la Puerta de Carmona. Concluida la guerra, mandó llamar a sus dos hermanos pequeños para que le ayudaran a cultivar las tierras que le han correspondido en los repartos hechos a los soldados. Aquí sólo quedaron los padres, ya mayores, con la hermana que está soltera.

—¿Y tú cómo sabes todo eso?

—Nunca dejamos de vernos, incluso después de la marcha de Samuel. Entre los dos lo recordábamos, y eso me daba ánimo. Cuando se fue a la guerra, seguí visitando a la familia, que quedó muy triste y preocupada. Es natural. En la guerra, ya sabes, todo puede ocurrir.

—Ahora recuerdo que tu madre me lo comentó. A ella no le hacía mucha gracia que te relacionases con gente tan baja.

—No se lo reprocho. Es la mentalidad de casi todos los sevillanos, sin darse cuenta de que entre esa gente tan «baja», como dicen, hay personas mucho mejores que entre los ricos, que se creen superiores porque tienen más dinero. Mira, Lola, yo lo que valoro de las personas son los sentimientos, su manera de actuar, no me fijo en lo demás.

—Sigue contando lo de esa familia.

—El padre cayó con el ergotismo, que es el verdadero nombre de la enfermedad. Lo encontré en el hospital de San Cosme y San Damián. Comencé a hablarle y enseguida me reconoció. Para él y para la familia fue un gran alivio estar con alguien conocido. Poco se pudo hacer, ya tenía la gangrena. Hubo que amputarle un pie. Sufrió mucho. No quería que me apartase de su lado. ¿Qué podía hacer? He permanecido junto a su lecho hasta que esta mañana descansó. Dios lo premie en la otra vida. Le gustaba que le hablase de José. Murió con su recuerdo. Por eso hoy estoy más afectada. No es justo, Lola, que cuando este hombre iba a comenzar a tener una vida menos miserable, se muera y de esta forma. Ya lo han enterrado. Los que van a los hospitales los quitan de en medio rápido. Lo peor son los que mueren en los caminos, en sus casas, después de haber contagiado a los demás. Y con estos calores.

—Comprendo tus desvelos, dicen mucho de tu buen corazón, pero piensa un poco en tu familia. Tu madre está muy preocupada, cree que puedes caer enferma. Ya todos sufrimos bastante cuando te vimos tan mal. Nos tuviste en vilo hasta tu recuperación.

—No debéis temer por mí. Aquello era otra cosa. Todo fue la pena infinita por la separación de Samuel y el remordimiento por mi cobardía. Tenía que haberlo seguido. Es lógico que mi madre se preocupe por mi salud. En cuanto al trabajo, no me necesita. Tiene a Laila. Se compró como esclava y ahora es una más de la familia. Se ocupa de la casa y de ayudar en el despacho. Es muy amiga mía. Ella también ha padecido el drama de la separación de la persona que amó.

—¿No seguirás con la locura de quererte marchar en busca de Samuel? —preguntó Lola al observar el tono añorante de Carmen.

—Por favor, no digas nada, pero si estuviese segura de que Samuel continúa pensando en casarse conmigo, que no se ha unido a ninguna otra, iría a su encuentro. No me importarían los riesgos. Todo mejor que esta duda constante.

—Estás loca —comentó la cuñada, asustada con la posible resolución de su amiga—. Tú no sabes lo que puede ser una mujer sola por esos caminos. Todos los días llegan noticias de los estragos que los salteadores hacen a los viajeros y, si es en los barcos, no quiero ni decirte de los ataques de los piratas. Esa locura la debes desechar.

—No puedo, Lola, es superior a mí. Algo me dice aquí dentro que Samuel me espera o que volverá para casarnos.

—Sigues pensando como una niña. Con la edad que tienes no puedes esperar más. Acepta a Marcelo. Es un buen partido. Cualquier mujer se habría vuelto loca con su proposición de matrimonio. Tú llevas casi un año deshojando la margarita. Él tampoco es un chiquillo. Debes decidirte.

—Sí, me doy cuenta de que está enamorado, al menos eso es lo que dice, pero un hombre que viaja tanto puede que tenga otras mujeres por ahí. Aunque lleva muchos años en Sevilla, no deja de ser genovés, y la gente de su país a lo mejor ve las cosas de otra forma que nosotros.

—No seas desconfiada.

—Acabo de pasar por su casa. Cuando pienso que puede ser mi hogar, me dan escalofríos. ¿Y si después de casarnos se presenta Samuel?

—Lo hemos hablado muchas veces. Piensa en lo lejos que está, piensa que es de otra religión, de otras costumbres. ¡A saber si se acuerda de ti!

—No digas eso —saltó Carmen como un resorte—. Pase lo que pase, sé que nunca me olvidará, lo mismo que yo a él. El ser de distinta religión nunca nos importó. El amor no tiene raza ni creencias.

—Hija, no te pongas así —se disculpó la cuñada.

—Lola, no quisiera hacer infeliz a Marcelo. Creo que no debo aceptar sus regalos, pero mi madre se empeña.

—Compréndela, no lo hace por interés. Quiere, como cualquier madre, verte con el amparo de un hombre. ¿Qué hace una mujer sola?

—Cuando sea más vieja, si no ha vuelto Samuel, ingreso en un convento.

—¡No digas tonterías! Tú no tienes vocación de monja.

—Llevas razón. La ilusión de mi vida es tener hijos, pero con Samuel.

—¡Es que no se te cae de la boca!

—No lo puedo evitar. No lo tomes a broma, pero ya he estado hablando en el convento de Santa Inés.

—¡No me digas! —respondió Lola sin salir de su asombro—. ¿Y para qué, si dices que ingresarás cuando seas más vieja?

—Sobre todo para saber la dote. Me dijeron que lo habitual es que se aporte a la orden unos cuarenta mil maravedíes. ¡Qué casualidad! Justo lo que mi padre tiene reservado para cuando me case.

—Estás cada día más loca. ¡Tú, monja! —comentó Lola riendo—. Mira quién viene por ahí —dijo señalando a la puerta.

Carmen fue al encuentro de sus sobrinos. Todo su frustrado amor de madre lo volcaba en aquellos niños de su sangre, pero no tan suyos como hubiese deseado.

Las cartas

El implacable sol de agosto se apoderaba del poblado y lo sumía en un sueño casi letal. Ninguno de sus habitantes se atrevía a desafiar al astro rey. Permanecían dentro de sus casas dejando como únicos dueños de los campos y las calles a las lagartijas, animadas por el monocorde son de las cigarras.

Jusuf lo esperaba pasada la hora de la siesta. Debería llevarle la carta como respuesta a la del amigo. Samuel volvió a leer la de José, que le había traído alegrías, penas, añoranzas, nostalgias, recuerdos...

Casarabonela, 15 de julio de 1493

Querido Samuel: Espero que esta carta llegue a tus manos. Una vez más tengo un amigo de distinta religión. El primero fuiste tú y ahora un musulmán, Jusuf, que, a pesar de la guerra y de estar en el lado de los vencidos, me ha demostrado ser una persona honesta y sin resentimientos. Cuando supo de nuestra amistad, se ofreció, sin condiciones, a encontrarte donde quiera que estuvieses. Espero que lo consiga y me traiga noticias tuyas y de tu familia.

Como ves por la carta, y Jusuf te contará, vivo en Casarabonela, un pueblo de la sierra de Málaga, muy próximo a Ronda. Se necesitaban muchos hombres en esta guerra y vi la oportunidad de sacar a mi familia de la miseria. Como peón me daban medio real al día, pero, como nada necesitaba, toda la paga la enviaba a mi gente. Así han podido comprarse una casita donde mis padres no pasarán tanto frío.

En el reparto me han correspondido cincuenta y seis fanegas de tierra de labor y hectárea y media de viñas. No está mal. He traído a mis hermanos para que me ayuden a labrar. A mis padres no hay quien los saque de Sevilla. Estoy preocupado porque llegan noticias de que se ha extendido una nueva epidemia. Sobre todo, el viejo está muy achacoso por las muchas calamidades y trabajos que ha padecido durante toda su vida, y temo que la enfermedad se lo lleve.

Por motivos de seguridad y para que los moros no vuelvan a apoderarse de las tierras, nos obligan a permanecer aquí durante los primeros años. Si abandonamos, perdemos todos los derechos. Por eso no puedo viajar a Sevilla. Faltan pocos meses para que cumpla el plazo y podré ir por un breve espacio de tiempo. Aprovecharé para ver a la familia y a los amigos, sobre todo a Carmen. Como siempre, hablaremos de ti. ¡Qué pena que no estés! Algún día, quiera Dios, nos juntaremos y recordaremos viejos tiempos.

Sé lo mucho que significó para ti y tú para ella. Dios permitió vuestra separación. Hago votos porque os vuelva a juntar. Si no es así, rehaz tu vida con otra mujer que te merezca. Yo no he tenido tiempo para enamoramientos. Te confieso que lo estoy deseando y ahora que terminó la guerra y que vivo más tranquilo, intentaré encontrar una compañera. Como a ti, no me importará ni raza ni religión. Este pueblo se tomó sin mucha resistencia. Por eso a sus antiguos habitantes moros les han permitido quedarse, no como en Ronda que los echaron a todos, pues su conquista fue muy sangrienta. Te aclaro esto para comentarte que hay unas moritas muy bellas. Todo puede ocurrir... Ya te diré en nuestra próxima comunicación.

Después de lo que he visto, tengo muy claro que la guerra no me gusta. Si me enrolé, ya sabes los motivos. Dicen que soy un valiente. Puede ser, pero te juro que nunca maté por odio. Todo es tan espantoso y salvaje que si no matas te matan. Mi valor fue cuestión de supervivencia. He visto crueldades sin nombre de un bando y de otro. Todos invocan a su Dios para justificar las mayores atrocidades.

La toma de Málaga fue un horror. Hubo encarnizamiento entre sitiadores y sitiados. El fanatismo se mantenía en medio de una ciudad cada vez más hambrienta y más destrozada por la artillería cristiana. Sólo cuando la defensa fue imposible, sin ningún alimento, con la mayoría de los combatientes muertos, el Zegrí, su gobernador moro, consintió en retirarse a Gibralfaro y mandar una embajada a nuestros reyes para negociar. Demasiado tarde. Ya no era tiempo de negociaciones, sino de rendición.

Cuando entramos, la escena era patética. Los reyes impidieron que se cometiesen actos de venganza sobre aquellos seres famélicos y medio muertos que habían resistido el asalto durante tantos meses. Se tomaron como prisioneros, para luego venderlos como esclavos. Nos encontramos con muchos renegados, cristianos que se habían pasado a las filas musulmanas. Todos ellos fueron pasados a cuchillo.

No sé por qué te cuento todas estas cosas. Tú me enseñaste a escribir en aquellas interminables tardes. Tuviste bastante paciencia hasta que aprendí. Espero que ahora seas igual de paciente para soportar mis desahogos.

Si Jusuf me trae noticias tuyas, lo celebraré con mis hermanos y quizá incluso con alguien más, ¿quién sabe?... Dios lo quiera.

Un abrazo de tu siempre amigo

José

Volvió a guardarla junto a las de Carmen. Releyó su respuesta.

Fez, 18 de agosto de 1493

Querido José: ¡Qué sorpresa! Tus noticias y comprobar que nuestra amistad permanece a pesar del tiempo y la distancia, ha sido una de las cosas más agradables que me han ocurrido en estos tiempos de tragedias.

Me alegra que estés situado, aunque lejos de Sevilla. Seguro que tienes añoranza. Igual me pasa a mí. ¿Qué tendrá esa «endiablada» ciudad? Los recuerdos y las sensaciones vividas en ella me atrapan de tal forma que no me dejan sosiego. No me resigno a pensar que todo terminó. Tengo que encontrar alguna forma de volver, aunque no sea nada más que por ver a Carmen.

Me quejo y reniego de lo que me ha tocado vivir. Tú fuiste testigo, muchas veces, de mis ataques de cólera, mi rebeldía contra la injusticia que nos rodeaba. A pesar de que ya no soy ningún muchacho, me sigue ocurriendo: «genio y figura»... Delante de mi familia debo disimular. Bastante sufren ya para que yo venga a aumentar sus penas. Sería un egoísmo por mi parte. Por eso el contar, aunque sea por escrito, con un amigo en quien depositar un poco el lastre que llena mi alma, es un alivio.

No quiero cansarte repitiendo lo que pasamos hasta nuestra llegada a África. Como las noticias corren, te supongo enterado. Únicamente un comentario: los judíos de Fez, pocos pero situados, no vieron con muy buenos ojos nuestra llegada. Pensaron que, más preparados que ellos, seríamos unos competidores en sus negocios y en sus trabajos. Esto está fuera de todo sentimiento de solidaridad. Tuvieron que intervenir los rabinos y recordarles su deber de judíos. Gracias a su ayuda hemos sobrevivido. Mi padre está a punto de abrir un taller de sastre. Mi hermano le ayudará. Ya sabes que aprendió muy bien el oficio. Por cierto, tu carta la recibí cuando celebrábamos la circuncisión de mi sobrino Moisés, su hijo y de Rut. Mi madre pasa muchos calores tostando almendras, piñones, garbanzos, avellanas y otros frutos que tanto gustan y tanta tradición tienen entre nosotros. Con esto saca algunas perrillas. Mi hermana, que también dejó de ser una niña, prepara su ajuar. Su marido será, si Dios quiere, nuestro rabino. No sé si realmente está ilusionada o no, ya sabes lo reservada que fue siempre, pero será un alivio para todos. Yo, de momento, gano para ayudar a la vida familiar. Doy clase en la sinagoga a los niños del poblado. Trato de hacerlo lo mejor posible, pero no es mi meta. Aquí se compra y se vende de todo, y esto reporta beneficios a muchas familias. Te aseguro, José, que si me metiese en el negocio del comercio, pronto sería rico. Estaría bien y todos me animan para que lo haga. Por más que lo pienso, no puedo. Me cortaría las alas para volar al lado de Carmen. Ésta es mi verdadera obsesión. La Inquisición sigue con sus controles. Algún día aflojará el cerco. Será el momento de embarcar rumbo a Sevilla.

Me dices que próximamente irás a ver a tu familia. Ojalá la encuentres bien. Quiero pedirte una cosa: cuando veas a Carmen, no le digas mis intenciones de acudir a su lado. Te parecerá una contradicción con mis sentimientos. No. Seguramente será solicitada por otro hombre. Si tiene ocasión de rehacer su vida, que lo haga, quiero lo mejor para ella. Lo de mi vuelta es sólo una probabilidad y no tengo derecho a que envejezca abrigando una esperanza que a lo peor no se cumple. No me cabe duda de que me sigue amando, como yo a ella, pero si Dios le da un buen esposo y un buen padre de sus posibles hijos, mi recuerdo quedará en el mejor rincón de su alma. Con eso me conformo. Hace unos meses y a través de un comerciante genovés llamado Marcelo, recibí una carta suya muy apenada por nuestra separación. Lamentaba no haberme acompañado en mi destierro y prometía que a la más mínima ocasión viajaría aquí para buscarme. Quise mandarle respuesta, pero ese señor ha desaparecido. Quedó en volver y no lo ha hecho. No sé qué razones tendrá. Los correos funcionan muy mal y temo que la carta no llegue a su destino. Por eso aprovecho esta comunicación para que, cuando la veas, la convenzas de que no haga esa locura. El amor la ciega, no ve los peligros que la acechan y no me perdonaría si algo le ocurriese. Ahora que viva. Más adelante, Dios dirá. Por eso he pensado que lo mejor es romper todo contacto. Si sabe de mis deseos, esperará siempre. No quiero que sufra más por mi causa. Te repito que estudiaré la manera de volver. Si lo consigo y ella sigue soltera, la haré mi mujer por encima de todo y de todos, pero si ya está casada, no me verá. Guardaré mi dolor y rezaré para que Dios le dé la felicidad que merece.

Por favor, José, espero que me comprendas y que guardes mi secreto. Sé que hablaréis de mí, pero de mis proyectos, nada.

Déjame que me recree en los recuerdos de aquella Sevilla lejana. ¿Quién de los dos la verá antes? Seguro que tú. Mira cómo está nuestro olivo. ¿Recuerdas las tardes en la cabaña donde ocultábamos nuestros amores, mientras tú montabas guardia para advertirnos de los «peligros»? Llegabas siempre silbando, era una manera de avisar... Comíamos, bebíamos la leche de tus cabras y hacíamos planes para el futuro. Yo quería ser médico, tú buscar la oportunidad de sacar a tu familia de la miseria. Lo conseguiste. Me alegro. ¿Y yo?... Bueno, ya está bien de nostalgias. Si encuentras el amor que buscas, espero que seáis muy felices. Aunque en esas cosas de amoríos siempre fuiste muy reservado, espero que me lo cuentes todo.

Seguiremos en contacto. Nos servirán los comerciantes que van de un lado para otro, y si no, tendremos a Jusuf, que parece un buen hombre. Saludos a tu familia. Un fuerte abrazo de tu buen amigo

Samuel

Era un buen sitio para resguardarse de los tórridos calores. Samuel esperaba en el patio de entrada, distraído con el borboteo de la fuente central. Aquel sonsonete le relajó tanto que no advirtió la presencia del criado que lo invitaba a seguirle hasta donde Jusuf lo esperaba.

La estancia espaciosa, decorada con ricos tapices, alfombras de la lejana Persia, cerámicas y otros ricos adornos, delataba que a su dueño no le iban mal los negocios. Samuel saludó con el respeto que correspondía a un hombre mucho mayor que él y con rango y cargo importante. Recostado sobre mullidos cojines, Jusuf recibió a su invitado. Éste, gustoso, aceptó compartir el té, signo de la hospitalidad del pueblo musulmán.

—Le traigo la carta que tan gentilmente se ofreció a llevar. Supone mucho para mí. Por eso abuso de su amabilidad —dijo Samuel con cierta timidez.

—No hay abuso por tu parte. Lo haré con sumo gusto. Parto pasado mañana. Primero arribaré a Cádiz. Llevo un buen cargamento de seda. En unos días estaré en Málaga. Me será fácil llegar hasta tu amigo. Se pondrá muy contento.

—Eso espero.

—¿Tienes prisa? Te veo un poco cohibido. Puedes sentirte como en tu casa. Charlaremos un rato.

—Gracias, no tengo ninguna prisa, terminé mis clases esta mañana. Nada me gustaría más que compartir opiniones con usted.

Samuel terminó de acomodarse en los sedosos cojines. A sus pies un criado había depositado una bandeja de plata con el humeante té.

—Sabes que corren malos tiempos para nosotros. Estarás enterado de que cada día son cientos los que llegan a África huyendo de las malas condiciones de vida que tienen en la península.

—Sí, no hay más que salir a la calle para ver la cantidad de musulmanes que deambulan de un sitio a otro arrastrando miseria y enfermedad.

—Esos hombres y mujeres hicieron rico el reino de Granada. Hoy todo está en poder de los cristianos.

—Fueron más fuertes y vencieron. La guerra es así.

—Llevas razón. Mientras que nos enzarzábamos en luchas internas, el enemigo aprovechó nuestra debilidad. Por eso no les guardo rencor a los cristianos. Como José, tengo muchos otros amigos. Lo que más me duele es la traición que nos ha hecho el rey Fernando.

—¿Traición?

—Sí. Me gustaría que supieras cómo fue el tratado de rendición, para que comprendas lo que digo.

—Cuénteme, por favor.

—Una vez que los Reyes se apoderaron de Málaga y toda su serranía, la caída de Granada era inminente. Los soberanos seguían el asalto día a día desde su campamento de Santa Fe, que se habían hecho construir cerca de la ciudad. Al principio del año 1492, la fruta estaba madura. Avanzó el monarca con sus tropas hasta muy cerca para asegurarse de que, por nuestra parte, no había traición. Yo aconsejé a Boabdil que era llegado el momento de poner nuestras condiciones para una rendición lo más digna posible.

—Tiene que ser muy duro llegar a esa conclusión —comentó Samuel, interesado en el relato.

—Desde luego, pero no había otra salida. El Rey cristiano tuvo un gesto de generosidad y envió varios cargamentos de harina, aceite y otros víveres para paliar el hambre de los sitiados. Luego, con todas las precauciones, llegó a la Alhambra, nuestra joya más preciada, paseó por ella y contempló todo su esplendor. Volvió a su campamento por la noche. Al día siguiente se pactaron las condiciones: nosotros liberaríamos a todos los cristianos cautivos y ellos harían igual con los nuestros. Los moros que quisieran quedarse, vivirían con los cristianos en calidad de mudéjares, conservando todos sus bienes y permitiéndoseles la práctica de su religión y costumbres. A los que quisieran partir se les otorgarían los pasajes y las embarcaciones necesarias. Muchos optaron por la última solución, entre ellos yo, que nunca me fié de la veracidad de las promesas.

—Quiere decir que no se cumplió lo pactado.

—Desde luego. Muy poco tiempo duró esta bonanza. Enseguida los cristianos empezaron a abusar de los vencidos, y de lo acordado, nada. La situación ha llegado a tal extremo que tienen que huir después de malvender sus bienes y casas. Aquí llegan, como ves, exhaustos, hambrientos, después de travesías aterradoras en las que incluso padecen el ataque de piratas que actúan en la zona.

—De todo eso, algo sabemos los judíos.

—Hablas con razón y habéis dado muestras de resurgir en medio del dolor. Siempre os pongo como ejemplo a mi gente. Ahora tengo muchos más criados de los que necesito. Los cojo de entre los venidos de la península. Es una manera de aliviar su miseria. —Jusuf hizo una pausa y rellenó los vasos con el segundo té de la tarde. Después continuó—: Cambiemos de tema. He hablado demasiado de nuestros problemas. Cuéntame cuáles son tus planes. Tengo buenos informes sobre ti. Si quieres asociarte conmigo, estaría encantado. Sé que sois una gente preparada y me serías muy útil.

—Gracias por su confianza, pero de momento no pienso meterme en negocios. Más adelante ya se verá.

—No comprendo. Explícame —dijo el moro, sorprendido.

—Como usted ha sido tan sincero conmigo, le voy a confiar mi secreto: dejé en Sevilla a una mujer de la que estoy perdidamente enamorado. Nos conocemos desde niños. Nuestro amor aumentaba a medida que crecían las dificultades. Ella me espera y no me resigno a perderla. Lucharé hasta el final para conseguir nuestra unión. Por eso no quiero echar raíces aquí. En cuanto vea situada a mi familia, marcharé. Pronto será la boda de mi hermana. Entonces será el momento.

—¡Bravo, muchacho! Eso es verdadero amor. Si es así, respeto tu decisión. Se me ocurre un primer paso para la solución de tu problema.

—¿Cuál? —preguntó Samuel con sumo interés.

—Tengo entendido que en Granada hay un arzobispo, fray Hernando de Talavera, que es muy tolerante con las personas de otra religión. Lo que más le interesa es conseguir que judíos y moros se conviertan al cristianismo. Muchos aceptan el bautismo por pura conveniencia, es una manera de subsistir. Las tres religiones rezamos al mismo Dios, aunque le llamemos de formas diferentes. Él sabrá perdonar. En tu corazón seguirás siendo judío, pero podrías acogerte a esta medida de gracia. Y otra cosa.

—Dígame.

—Creo que por esos mundos se está valorando mucho a los que hacen de intérpretes con musulmanes, hebreos y cristianos. En los gobiernos y en el comercio son muy necesarios. Tú pareces un hombre preparado y despierto.

Mientras decides tu marcha, sería bueno que estudiases idiomas. Nunca se sabe.

—Gracias. Seguiré su consejo.

La despedida fue tan cordial como la entrevista. A Samuel se le abrió una luz de esperanza.

Rumores y confidencias

Las voces de los pregoneros, los gritos de los pillos y rufianes, los lamentos de los pobres y tullidos solicitando una limosna, producían tal alboroto que apenas se escuchaba el tolón-tolón de la campana del bulero[1]. En el centro de la plaza, el predicador intentaba hacerse oír por aquella abigarrada muchedumbre.

—Hermanos, una vez más la Santa Madre Iglesia solicita vuestros donativos para mayor gloria de Dios. Como todos los vecinos saben, una de las cúpulas de la Iglesia Catedral se ha venido abajo. Si pronto no se repara, todo el interior estará a merced de las inclemencias del tiempo. El Santo Padre concede indulgencia plenaria a todo aquel que, según sus posibilidades y con arreglo a su conciencia, compre la bula correspondiente. Recuerdo la última vez que os hablé: fue para financiar la guerra contra el infiel. Dios premió vuestra generosidad y hoy la cruz de Cristo es venerada en toda la península. Sé que el pueblo sevillano, como siempre, superará a cualquier otro en sus donativos. Por las indulgencias, su alma quedará libre de toda huella de pecado. Que así sea.

Las bulas fueron repartidas y el tesorero recaudó tal cantidad de dinero que el problema se resolvería en breve.

---

[1] El que distribuye las bulas.

El numeroso grupo tardó en desaparecer. Cualquier situación era aprovechada para comentar las noticias más recientes.

Las primeras aguas del otoño llegaron tempranas. Las lluvias y los suaves vientos barrieron, en parte, los malditos virus de la epidemia. Cada familia lloraba a sus muertos, y la ciudad tomaba su pulso habitual.

Los relatos sobre las hazañas llevadas a cabo en la guerra de Granada habían pasado a un segundo plano. En este momento la actualidad más vibrante era el regreso de Cristóbal Colón de las Indias, a las que había llegado navegando hacia Occidente. Todos vieron al héroe desfilar triunfante en las procesiones de la pasada Semana Santa. Ahora viajaba a Barcelona, donde lo esperaban los Reyes. Alababan la decisión de éstos, que habían arriesgado dinero y prestigio. Ahora era España el país hacia donde convergían todas las miradas de las monarquías europeas.

Carmen, ya más aliviada en las tareas del hospital, ayudaba de vez en cuando en el negocio. Le gustaba y a la vez hablaba con los clientes.

—Estarás orgullosa de tener amistades tan importantes —le dijo una vecina.

—No sé de qué me hablas —respondió sorprendida.

—¿Tú no eres amiga de Marcelo el genovés?

—Sí, lo conozco, pero no sé por qué debo estar orgullosa —respondió molesta al comprobar que estaba en boca de la gente.

—Pues, hija, se comenta que ese tal Cristóbal Colón es pariente suyo. Tanto a la ida como a la vuelta de las Indias, se alojó en su casa. Parece que incluso le dio dinero para el viaje y le puso en contacto con personas que lo pudieran conducir ante los Reyes.

—Me alegro, pero eso no es motivo para que yo me

sienta orgullosa. Mis relaciones con Marcelo son de pura amistad.

—Será porque tú no quieres.

—Será por lo que sea, pero a nadie le importa —dijo lacónica, cortando rápidamente el diálogo.

Carmen dejó la carnicería. Estaba confusa. No sabía que era motivo de los cotilleos de vecindonas. Subió al piso que ocupaba la vivienda. Encontró a Laila afanada en las tareas de la casa.

—Hace una buena mañana —le comentó a la esclava-amiga—. Recoge y daremos un paseo.

—Pero, señorita, su madre se quejará si no termino las labores.

—Por favor, Laila, cuando estemos solas, te lo he dicho mil veces, no me gusta que me llames señorita, así no me siento tu amiga. Por lo del trabajo, no te preocupes. Cuando volvamos te ayudaré. Mi madre no dirá nada.

—De acuerdo. En un instante estoy lista.

Pasaron por la calle de la Feria. Era jueves y rebosaba de animación. Se compraban y se vendían, sobre todo, cosas usadas a muy buen precio. Carmen recordó la vez que, siendo muy niños, Samuel quiso comprarle allí una cinta para el pelo. Caminaron, caminaron hasta llegar a la Puerta Macarena. Deseaba soledad para comunicarse con su amiga.

—Laila, ¿has oído comentarios sobre mi relación con Marcelo? —preguntó con deseos de saberlo todo.

—No tienes por qué preocuparte. Lo único que se dice es que eres tonta porque no te decides a casarte con un hombre influyente y rico.

—¿Y tú qué opinas?

—Yo te comprendo, sé que sigues acordándote de Samuel, pero también te digo que no puedes pasarte la vida esperando.

—A ti te pasa lo mismo, así que no sé por qué dices eso.

—Lo mío es distinto. Yo no espero.

—Sigues queriendo a Hixén, sigues acordándote de él.

—Es el hombre más fuerte y más guapo que he conocido en mi vida. Sé que no regresará.

—¿Por qué estás tan segura?

—Mira, Carmen, ya te lo he contado, se lo llevaron en un lote de esclavos. Escogieron a los mejores para enviarlos, como regalo, al rey de Nápoles. Vale mucho y ese mismo valor es su perdición. Jamás le concederán su libertad. Procuro olvidar. Tú en cambio sigues con la misma obsesión que el primer día.

—Porque algo me dice que Samuel volverá. Él es un hombre libre.

—Te he oído lo mismo cientos de veces. Desengáñate, eso no sucederá. Acepta a Marcelo.

—¿Lo ves tan bueno como dicen?

—No me preguntes eso porque no soy imparcial en mis juicios.

—¿Por qué?

—¿Sabes que se dedica al tráfico de esclavos?

—No me parece bien, pero todos lo hacen y las leyes se lo permiten. Es un comerciante y compra y vende lo que se presenta.

—Yo sufro de ver a hermanos míos de religión, musulmanes que fueron en otro tiempo personas libres, bajo el yugo de un amo. Desde la rendición de Granada, Sevilla se ha llenado de ellos. Hay tantos que su precio ha bajado. Cualquiera puede adquirirlos. Un esclavo vale menos que un burro. Se compran por ocho mil, por siete mil maravedíes. Los tratan como ganado. Los mercaderes se están enriqueciendo con este indigno negocio. Me consta que ese Marcelo tiene naves enteras llenas de esclavos donde malviven hacinados en las peores condiciones. Los ha comprado baratos y espera que suban los precios.

—Tú también llegaste como esclava y no te quejarás.

—Es cuestión de suerte. Os encontré a vosotros, que sois una buena familia, pero estoy a merced de lo que queráis hacer conmigo, no tengo ningún derecho.

—Me duele oírte decir eso.

—Es la cruda realidad. Los burdeles del Arenal están llenos de jovencitas que han tenido menos suerte que yo. Ejerciendo la prostitución piensan juntar algún dinero para comprar su libertad, siempre que el amo acepte.

—Hay cosas peores.

—No sé a qué te refieres.

—¿Has visto lo que está haciendo la Inquisición con los judíos que se convirtieron para no padecer el destierro?

—Algo he oído, pero salgo poco y no estoy muy enterada.

—Después de celebrar el auto de arrepentimiento, a los más afortunados los meten en un convento. Allí serán instruidos en nuestra fe.

—Y ¿qué les pasa a los que tienen menos suerte?

—Si el tribunal considera que son más rebeldes, los azota públicamente o los manda a galeras. De todas formas, para caminar por la ciudad deben llevar el sambenito, esa túnica infamante. Hasta los niños hacen burla de ellos. Es una situación humillante, insostenible. Al final, casi todos optan por marcharse.

—Te veo muy enterada. Es terrible —comentó Laila.

—Todo lo relativo al pueblo judío me interesa. Conozco el carácter de Samuel y me da pánico que pueda verse en esas circunstancias. Haría una locura. Por eso, a la vez que rezo para que vuelva, lo temo. Daría lo que fuese por saber dónde está. Iría a su lado arrostrando todos los riesgos.

—Estás loca. No sabes lo que dices.

—Sí lo sé. Estoy aturdida, Laila. Mañana viene Marcelo. Se aproxima el invierno y con el mal tiempo suspende los viajes, se queda en la ciudad. No podré darle más aplazamientos. Querrá una respuesta.

—No seas tonta y decídete. Te digo la verdad: si yo encontrara un hombre que me quisiera, como parece que él te quiere, no lo dudaba, me casaría.

—Tú, me lo acabas de decir, has perdido toda esperanza de volver a ver a Hixén. Yo no. Lo que más me tortura es este silencio, este no escribir. Ha habido tiempo suficiente para que hubiese mandado alguna carta diciendo dónde se encuentra y cómo está. La última comunicación fue desde Fez. Marcelo me dijo que había ardido el poblado de paja donde se asentaron a la llegada. Tengo miedo, Laila, de que le haya podido ocurrir algo.

—Marcelo viaja por toda esa zona. ¿Por qué no le preguntas si sabe algo?

—Eres una ingenua. Fíjate lo que son los designios de Dios. Él me trajo la carta de Samuel, él llevó mi respuesta. Por eso nos conocimos, pero enseguida se dio cuenta de mi interés por Samuel. Es natural que, si, como dice, está enamorado de mí, se niegue a seguir de correo. Si le pregunto, me responde con evasivas: «No sé, muchos se marcharon después del incendio, no he vuelto a ver a tu amigo», y cosas así. Aunque me impaciente, no se lo reprocho, comprendo su postura. Quiere que olvide y me decida.

—¿Tú le has dicho lo de Samuel?

—Me consta que lo sabe, pero cuando intento sacar la conversación, él la elude y busca otro tema. Creo que espera que se me pase todo con el tiempo.

Las dos mujeres quedaron unos instantes ensimismadas, cada una con su drama.

—Vámonos, Laila —fue Carmen la que rompió el silencio—. Se hace tarde y nos queda un buen paseo hasta casa.

Las recuas de mulos entraban por la Puerta Macarena cargadas del trigo que abastecería a la ciudad. Los veedores vigilaban la calidad del mismo, para evitar una epidemia como la que acababa de pasar.

Bebieron agua en alguna de las numerosas fuentes que se encontraron por el camino. En casa le aguardaba a Carmen una agradable sorpresa: José, el querido amigo de la infancia, la estaba esperando.

Raquel y el rabino

Todas las amigas ayudaron a lavar la lana que serviría para llenar el colchón que llevaba la novia. Más tarde, reunidas en la casa, abrieron los vellones para que quedasen bien esponjosos. Todo esto era acompañado por canciones, risas y bromas a Raquel. El colchón era parte de su dote. Ésta no era muy del agrado de la familia. Moisés Leví y su esposa Sara hubiesen querido para su hija algo mejor, pero las circunstancias mandan. Desde que llegaron de España, escasamente habían sobrevivido. Ahora el negocio de la sastrería comenzaba a funcionar, pero tardarían un tiempo hasta que sus ahorros mejorasen. La costumbre judía consideraba que la edad adecuada para contraer matrimonio eran los catorce años para la novia y los dieciocho para el novio. Así pues, dada la madurez de los novios, el enlace no se podía demorar.

Como preludio de los regocijos que seguirían, se celebró la fiesta de la Almosana[1], que se prolongó hasta el amanecer. A partir de ese día el novio no debía poner los pies en casa de la novia ni visitarla bajo ningún concepto.

Dentro del poblado se observaba un ir y venir a causa de los preparativos de ambas familias. Era el primer enlace que, después del exilio, se celebraba con todo el ritual. El

---

[1] Fiesta en casa de la novia que se celebraba el sábado antes de la boda.

novio, el rabino de la sinagoga de Sevilla, había perdido a su mujer en la travesía hasta África. No era aconsejable que permaneciese mucho tiempo sin compañera. Raquel, una muchacha madura pero virtuosa, le pareció la adecuada. Por su parte, la novia no había conocido a otro hombre, y el rabino la enamoró desde el primer momento. Con su proverbial timidez asistía a los preparativos y disfrutaba del ambiente de amor que la rodeaba.

Samuel estaba pendiente de los más mínimos detalles. Entre sus muchas tareas estaba buscar al convidador adecuado. Le dio la lista de los invitados para que fuera por las casas llamándolos por su nombre. A continuación debía comunicar, a voz en grito, quiénes eran los contrayentes y el día y lugar del enlace, especificando que iba de parte de la novia. Ya se sabía que, acto seguido, todo sería objeto de comentario y cotilleo por parte de las vecinas.

Madre e hija sacaron de Sevilla parte del ajuar que, con tanto esmero, había bordado Raquel. Ahora, después de las vicisitudes, todo estaba planchado y expuesto sobre las sillas y las camas de la vivienda. Llegó el perito preciador[2], que lo observó con meticulosa insistencia.

Se apresuraron a enviarlo, con un bullicioso cortejo, a casa del novio, que, a su vez, lo devolvió acompañado de una bolsa de seda chillona que contenía monedas de oro y un pescado llamado «el pescado de Sabah», signo de fertilidad. El novio se ocupó de buscar a los músicos y el lugar donde se celebraría la ceremonia, así como la comida y bebida que tomarían los invitados. La señora Sara también hizo su aportación preparando gran cantidad de frutos secos. Eran su especialidad. Hizo los dulces típicos que, en los tiempos de bonanza, habían saboreado en su lejana Sevilla.

[2] Encargado de valorar el ajuar.

Y llegó el día. El arreglo de la novia duró varias horas. Su madre y algunas amigas la acompañaron en su aseo más íntimo. Todos los objetos necesarios, perfumes, cremas, jabones, eran regalo del novio. Éste, entretanto, se dirigió a la sinagoga seguido de sus parientes más próximos. Lo preceptivo era que en este momento tan trascendente estuviesen los padres, pero habían fallecido antes del destierro. Hubo un recuerdo para ellos.

Antes de la oración, el rabino que ejercería de oficiante se acercó con un pañuelo rojo y le pidió al novio que jurara cumplir todas las condiciones del contrato matrimonial. Estando en este requisito, se oyeron los músicos que acompañaban a la novia y el barullo de los vecinos y amigos que cantaban canciones alusivas al acto que iba a celebrarse. El cortejo de los hombres partió para el lugar donde se celebraría la ceremonia. Allí estaba la futura esposa esperando, sentada en un canapé, con su futura cuñada a la derecha y su madre a la izquierda.

A través de su amigo Jusuf, Samuel había conseguido el maravilloso atuendo que lucía Raquel: vestido de seda blanco, zapatos de raso, una corona de flores de donde colgaba un largo velo flotante que sostenía un niño. Todo del mismo color. De ambos lados de la cabeza le caían hasta los pies unos hilos de oro. Estaba radiante. Al verla, el novio no pudo disimular una sonrisa de complacencia.

Entre cuatro parientes sostuvieron un bonito dosel por encima de las cabezas de los contrayentes. Así recibieron la bendición nupcial del rabino de Badajoz, con el que, desde los malos tiempos, les unía una gran amistad. Acto seguido el novio pasó a otra estancia, donde estampó su firma al pie de un pergamino. El rabino celebrante enseñó a todos los presentes el documento. Fue entonces cuando recibió los donativos como pago a sus servicios.

Juntos de nuevo, los esposos rompieron un objeto de vidrio como símbolo de la fragilidad de la vida. La feliz novia pisó el pie de su marido para indicarle que debería someterse a ella. Él lo retiró para, a su vez, ponerlo encima y hacer comprender a su mujer que era ella la que debía someterse.

En dos platos, uno para cada miembro de la nueva pareja, depositaron los invitados unas monedas, cada cual con arreglo a sus posibilidades. Todos se portaron bien y hubo verdadera rivalidad para ver qué parte era más generosa. El regalo más espléndido fue el de Jusuf, que depositó varias monedas de oro.

En el nuevo hogar se celebró un magnífico banquete con música y baile. Cada cual se regocijó recordando las danzas de su añorada tierra. Bromeaban con Samuel:

—Tú serás el próximo, ya va siendo hora de que te decidas. ¿Es que no hay compañera que te merezca?

Él trataba de disimular sus sentimientos. «¡Y tanto que hay compañera!», pensaba para sí. Disfrutaba viendo felices a sus hermanos y al mismo tiempo se rebelaba porque en las cosas del amor le había tocado la mejor y la peor parte. La mejor porque, para él, Carmen era incomparable y la peor por su forzada separación. Sus recuerdos volaron a Sevilla, a la plaza de la Alfalfa.

La velada se prolongó hasta altas horas de la noche. Los asistentes se retiraron poco a poco. Sólo quedaron los más cercanos. Los novios, deseosos de gozar de su intimidad, pasaron a su dormitorio mientras algunos de los allegados guardaron la puerta hasta la mañana siguiente.

Los comentarios en los días sucesivos eran elogiosos. Todos alababan la buena organización y la esplendidez del novio, que no había reparado en gastos. Como era el primer festejo después de la diáspora, quiso que por un tiempo su gente olvidase los amargos recuerdos. Moisés Leví y su esposa Sara estaban satisfechos de ver a su hija unida a un hombre de tan buena reputación. Ahora sólo les preocupaba Samuel. Sabían de sus amores y de su decidida voluntad de partir.

Historias de José

Laila, la fiel aliada de su ama, preparaba la merienda que compartía con Carmen y José. De vez en cuando removía el brasero para calentar el confortable saloncito amueblado con sillones y sillas de roble y decorado con un amplio espejo de cornucopia dorada desde donde, a través de los cristales, veían caer las lluvias de otoño. Nadie mejor que ella entendía aquellas historias que José contaba: hechos y anécdotas vividas, crueles sucesos padecidos en propia carne, aterradores recuerdos de la guerra en la que perdieron su querida Granada. Cuando entraron los cristianos, su familia había muerto: dos hermanos fueron alcanzados por las ballestas enemigas, a sus padres se los llevó el hambre. Quedó sola con su amado Hixén. Los dos fueron vendidos como esclavos, con tan mala fortuna que cada uno cayó en distinto lote. A él lo embarcaron para entregarlo como regalo al rey de Nápoles, a ella la compró un traficante para venderla en Sevilla. Así fue como llegó a casa de aquella familia que desde el primer día la trató con respeto. Carmen se encargó de cambiar los andrajosos harapos que traía por ropas adecuadas a la época y a su edad. En breve sus ojos verdes, en contraste con el azabache de su pelo, volvieron a expresar las ganas de vivir; su cuerpo y su rostro derrochaban la lozanía de los veinticinco años.

—No te he contado —comentó Carmen en tono distendido entre sorbo y sorbo de limonada— la cara que, según mi madre, pusieron las clientas que nos vieron abrazados en la carnicería el día que nos encontramos.

—No me gustaría que por mí estuvieses en boca de nadie —dijo José.

—Puedes estar tranquilo, que a mí esos cotilleos me importan un pimiento. Me dio tal alegría que no pude contenerme. Lo volvería a repetir y que sufran las cotillas y las envidiosas. Ya estoy acostumbrada a que digan que si estoy loca por enamorarme de un judío, que si algún día me arrepentiré por no hacer caso a un hombre como Marcelo. En fin, algo conoces de todo esto. Dejémoslo. Tu madre y tu hermana estarán tan contentas de tenerte aquí.

—Sí, pero con miedo de que las deje de nuevo. Ha sido muy dura para todos la muerte de mi padre. ¡Y yo que venía con la ilusión de abrazarlo! —comentó José con amargura—. Desde que supe lo de la epidemia, presentía algo de esto. Qué injusta es la vida. Ahora que empezaba a salir de la miseria. Nunca te agradeceremos bastante lo que has hecho por ellos.

—No digas tonterías. Para mí es una satisfacción ayudar a los demás. Mi pena fue no poder aliviar sus dolores.

—Eres buena.

Carmen se levantó para alcanzar una bandeja de rosquillas que guardaba en el aparador. Una vez más José se fijó en aquella mujer con la que tantas vivencias había compartido. Estaba espléndida. Los diez años transcurridos desde la última vez que se vieron habían servido para realzar su madurez. Mediana estatura, cuerpo proporcionado, un busto terso que ella se encargaba de realzar con los corpiños de moda, pelo castaño y ojos de caramelo que, a pesar de las penas, conservaban ese brillo chispeante, esa pizca de ingenuidad de la que siempre le hablaba Samuel. «No me extraña que sea requerida por los hombres», pensó.

—Hablemos de otra cosa —dijo Carmen interrumpiendo las reflexiones de José—. Hoy no nos has contado ninguna de tus apasionantes historias. Venga, empieza.

—Presiento que Laila no opina igual.

—A mí me gusta conocer la historia de mi pueblo, de mis gentes, por muy amarga que sea. Así que adelante.

—Hablo tanto y son tantas cosas, que no me acuerdo de por dónde nos quedamos. ¿Os cuento lo de Ronda?

—Venga.

Las dos mujeres se aprestaron a oír.

—La ciudad tiene un foso natural de más de un kilómetro de largo y cien metros de profundidad. Era imposible penetrar en ella. El asedio fue largo y los dos bandos estábamos extenuados. Nuestros maestros de artillería, además de las armas que habitualmente empleábamos, inventaron algo infernal: unas bolas de pez, azufre y pólvora que echaban fuego por todos sitios. Donde caían hacían unos estragos espantosos. Oíamos las voces y lloros de las mujeres y los niños, aterrados de ver caer los muros y arder los edificios. Aun así, resistían. El duque de Cádiz dio la orden de cortar todas las entradas de agua. Esto fue lo definitivo para su rendición. Cuando entramos, la ciudad estaba deshecha. Inmediatamente el rey dio órdenes para que enviasen albañiles, carpinteros y todo aquel que pudiese servir para reconstruir aquellas ruinas.

—¡Ha sido todo tan horrible! —se quejó Laila.

—Sí. Es lógico que te apenes, pero ten en cuenta que los tuyos también hicieron crueldades con los cristianos.

—No me extraña. Es la guerra.

—Ya antes de nuestro asedio, los musulmanes hacían incursiones a los pueblos de la frontera y cogían prisioneros. La gente vivía atemorizada. Fueron miles los que cayeron en sus manos. Los usaban como moneda de cambio. Mientras estaban en su poder, a los más afortunados los obligaban a realizar los trabajos más duros y vejatorios: moler el mijo, cortar leña, calentar los hornos para los baños de los amos, arar y labrar la tierra, accionar el artilugio de la noria. En Ronda les pusieron por obligación el abastecimiento de agua a la ciudad. La subían por un sendero rocoso y empinado de muchos metros que habían de recorrer constantemente. Estaban siempre vigilados, se les daba una ración de comida insuficiente y por las noches se les ataba con grilletes en los pies para que no pudiesen escapar.

—Pues, hijo, si eso eran los más afortunados, qué serían los otros —comentó Carmen.

—Los demás estaban encerrados en mazmorras. Recibían un poco de luz a través de unos tragaluces muy estrechos. Tenían los pies y las manos ulcerados de los grilletes. He visto en Ronda a más de cuatrocientos que fueron liberados. En Málaga y Granada los prisioneros eran incontables, además de los que murieron de hambre durante el asedio. Algunos abrazaron el islam, no por convencimiento, sino por desesperación a ver si así terminaba su tortura. Por eso no me pareció justo que, cuando entrábamos en las ciudades, a los falsos conversos se les considerase renegados y se les condenase a muerte.

—Desde luego. Nadie es dueño de la vida de otro y en los tiempos que corren no se sabe quién es verdadero cristiano, musulmán o judío.

—¿Y qué importa? Si demuestras por tus acciones que eres una buena persona, ¡qué más da! —aseguró José.

—A mí no me tienes que convencer. Si tuviese que hacerme judía para estar con Samuel, lo haría —afirmó Carmen.

—En todos estos años de guerra he ido de un lado para otro. Me conozco la campiña, la sierra, la costa y las capitales: Málaga y Granada. Cuando se hizo el reparto de tierras, no sabía dónde me las darían. Son buenas tierras las de Casarabonela. Como su conquista fue sin asedio, a sus antiguos moradores musulmanes se les ha permitido quedarse. Naturalmente las propiedades han pasado a disposición del rey para repartirlas. Esto hace que haya demasiados roces y problemas entre los vecinos. Es lo que no me gusta. Mis hermanos están allí porque tenemos obligación de residencia durante unos años. Me permitieron venir a Sevilla cuando alegué la edad de mis padres y mi deseo de ver cómo estaban. ¡Fíjate la desagradable sorpresa!

—¿Por qué no se marchan contigo tu madre y tu hermana?

—Como te he comentado, las cosas andan un poco revueltas. Hay familias cristianas que tienen que compartir vivienda con sus antiguos dueños. Imagínate lo que esto supone. Yo he tenido suerte. Según mis superiores, me destaqué por mi arrojo y valentía. Por eso disfruto de una casa sólo para nosotros. Tanto mi madre como mi hermana están deseando que estemos todos juntos. Aquí sólo les quedan amargos recuerdos. En otro sitio mi hermana podría encontrar un hombre, un labrador como nosotros con quien casarse. En Sevilla la conocen y ya sabes cómo se lleva eso de las clases sociales. Nunca se le acercará alguien que no sea de los más pobres. He luchado para sacarlas de la miseria y quisiera algo mejor para ella.

—Ya entiendo. Fíjate, aquí no se ha comentado la toma de Casarabonela. En cambio, la de Ronda y Málaga se celebró con fiestas, procesiones, bailes. La gente andaba como loca con tanta celebración. Yo me acordaba de ti y siempre de Samuel. ¿Sabes quién ocupa ahora su casa?

—¿Quién?

—Un cristiano de los liberados en Ronda.

—¡Qué casualidad!

Se hizo un silencio. Laila volvió de la cocina con una nueva jarra. Tenía un andar suave y elegante. Se encontró con la mirada del hombre. Éste sintió un estremecimiento que a él mismo le sorprendió. Reanudó la charla para que no se le notase su turbación.

—Estoy en trámites para cambiar las tierras por otras en el término de El Burgo —continuó José.

—¿No dices que son buenas las que te han tocado?

—Las de El Burgo son igual de buenas y allí no hay conflictos.

—¿Es que los moros de ese pueblo son mejores?

—No, simplemente no hay.

—¿Dónde se han metido?

—El alcaide, don Pedro Barrionuevo, les ha puesto las cosas muy difíciles. Les ha quitado todos sus derechos y les ha hecho la vida tan imposible que han optado por marcharse, unos al norte de África, otros a los pueblos próximos: Yunquera, Casarabonela, Tolox. A los poquitos que quedan se les hace un favor cambiándoles las tierras. No me parece justo lo del alcaide, pero yo no tengo la culpa. Cuando regrese haremos el cambio. Terminaremos viviendo en El Burgo. Será el momento de traer al resto de la familia.

Carmen pensó que todos los que la rodeaban iban encontrando su ruta. Ella seguía sin norte; mejor dicho, no, sabía lo que quería, pero a lo peor su horizonte era inalcanzable. A pesar de todo no perdía las esperanzas.

—José, dime de verdad, ¿no has tenido noticias de Samuel? —le interrumpió.

—Ya te lo he dicho: hace unos meses supe que el poblado de Fez ardió. No sé nada más —respondió José tratando de disimular y con cuidado de no desvelar el secreto de su amigo. ¡Bastante trabajo le costaba!

—Estoy hecha un lío. Algo me dice que va a volver. Mi familia trata de convencerme para que acepte a Marcelo. Sé que eres buen amigo. ¿Tú qué me aconsejas?

—Es una decisión muy personal. Conozco a Samuel y no me cabe la menor duda de que seguirá enamorado de ti, pero sus circunstancias son muy duras, nunca se sabe.

—Pues vaya un consejo, con eso no me aclaras nada.

—Compréndelo, Carmen, nadie va a resolverte el problema. Si quieres mi opinión, yo esperaría unos meses antes de tomar la decisión definitiva, a ver si se aclara algo. Si no, cásate con Marcelo. Por cierto, ¿le ofenderá a tu posible novio que venga a visitarte?

—Ya te he dicho que hace tiempo que paso de cotorreos de vecinas. Nuestra amistad no es de ahora.

—A tu madre parece que no le hacen mucha gracia mis visitas.

—¿Por qué lo dices?

—Siempre me recibe con educación, pero hay algo fingido en su saludo.

—Puede. Es la que más cuida de mi reputación. Se preocupa mucho del qué dirán. Tiene verdadero interés en preparar mi boda. Comprendo su impaciencia. Ya sabes lo mal vista que está una mujer soltera y a mi edad ya entro en la categoría de solterona.

—No digas eso, estás espléndida. Mejor que la última vez que nos vimos.

—Eres muy galante, pero ya tengo mis añitos. Aunque, desde luego, si vuelve Samuel, me sentiré una chiquilla —comentó mitad con risa, mitad con pena.

Continuaron disfrutando de la tarde. Laila siguió atrayendo las miradas insistentes de José.

—¿Sabes una cosa? —le dijo Carmen a su amiga una vez que José se había marchado.

—¿Qué?

—Me parece que José no dice toda la verdad respecto a Samuel. No sé si bueno o malo, pero algo sabe que no quiere o no puede decir. ¡Ah!, otra cosa, ¿te has dado cuenta de cómo te miraba? Cada vez que te movías, no te quitaba ojo. ¡Y de qué manera!

—No digas tonterías. También se ha fijado en ti. Normal, es un hombre.

—Bueno, bueno, el tiempo dirá si de estos encuentros no sale algo.

—No puede salir nada, ya lo has oído, se marcha en cuanto pueda.

—Ay, Laila..., que a ti tampoco te disgusta.

En busca del amigo

Abandonó la costa y se adentró por los campos que aún conservaban las huellas de la guerra. Habían cesado las lluvias, y los caminos estaban transitables. Las tierras roturadas acababan de recibir las simientes que preñarían los surcos trazados con habilidosa simetría. El caballo era veloz, el mejor que encontró, pero sus ansias de llegar lo hacían lento. De Málaga a Casarabonela era sólo una jornada. Por nada del mundo, Samuel se hubiese perdonado no hacerle una visita al amigo. Ardía en deseos de abrazarlo, de hablar con él, de contarle, de que le contase. Volvió a sentirse aquel muchacho intrépido que corría por las calles de Sevilla. Aquel chico al que se le acumulaban las energías y las ansias de no sé qué y, sin pensarlo, emprendía la carrera como un poseso o, como decía su madre, como un atolondrado. Espoleó el caballo. Las nubes tupían una gasa en torno al sol, la temperatura era suave. Se cruzó con una reata de mulos que conducían dos arrieros, seguramente portando productos del campo que abastecerían la bella ciudad de Málaga.

—Buenos días nos dé Dios.

Salió de su ensimismamiento y respondió al saludo. Se dio cuenta, entonces, de que estaba entrando en las sierras. Recordó los consejos de Jusuf: «Ten cuidado, que hay muchos huidos por esas lomas. Cuevas donde esconderse no les faltan, asaltan al primero que se presenta y lo despojan del caballo y de todo lo que lleve». Se propuso poner más atención a todo lo que le rodeaba. Nunca había visto paisajes tan abruptos, tan quebrados. Para evitar las erosiones y aprovechar cada palmo como tierra de labor, estaba todo el terreno dispuesto en bancales, tablas que eran roturadas por arados. El sistema escalonado dificultaba el acceso, pero eso no impedía el trazado de un sistema de riego que los árabes habían dejado para uso y disfrute de sus nuevos dueños: los cristianos. Pensó en el dolor que habría sentido aquella gente al abandonar sus hogares. Él sabía bastante de desarraigo, de injusticias, de expulsiones. Recordó a los musulmanes que cada día llegaban a Fez. Oyó sus lamentos mientras oraban mirando hacia La Meca e imploraban a un Alá impasible ante su desgracia. ¿Por qué ese afán de echar a la gente de su tierra?, se preguntó una vez más. A todas las ciudades del norte de África acudían, en oleadas, seres harapientos, extenuados por el hambre y las borrascosas travesías, en busca del auxilio de sus hermanos africanos.

No había cabida para tantos y muchos optaban por el regreso a su país, a su antiguo y esplendoroso Al-Ándalus, a sus casas, a sus tierras, a sus mezquitas. Vano intento. El enemigo aprovechó sus luchas internas, sus debilidades y tomó posesión del último bastión musulmán de la península. Estaba enterado de todo por las informaciones de su buen amigo Jusuf. Desde el día en que lo conoció se dio cuenta de que era un hombre en el que podía confiar. Antes de la pérdida de Granada, desde su privilegiado puesto de consejero de Boabdil, había mantenido contactos con todas las cortes de los países mediterráneos, con los más importantes puertos comerciales de Europa. «Ser agradecidos es de bien nacidos —se repitió—. Hay cosas que nunca se pueden pagar.» Recordó la oferta: «Cuando quieras puedo llevarte hasta la península. Ya no soy comerciante a sueldo, tengo mi propio barco, una carabela amplia y sólida, *La Granada,* que puede resistir, con la ayuda de Alá, cualquier temporal. Dentro de poco llevaré un cargamento de seda, algodón y tintes hasta el puerto de Málaga. Allí cogeré vino, almendras y todo lo que pueda conseguir y que le interesa a un comprador de Génova. Pasarán varios meses antes de que pueda regresar a Fez. Así que si estás dispuesto, aprovecha. Puede que sea tu oportunidad». ¡Y tanto que era su oportunidad! También recordó a su familia.

—Hijo, piensa bien lo que vas a hacer —le había advertido su madre—. Queremos lo mejor para ti. Emprenderás un viaje lleno de riesgos, la Inquisición sigue persiguiendo a los judíos. En Sevilla todos te conocen. Por otra parte, no tenemos ahorros para ayudarte en tu empresa. Espera un poco más a ver si las cosas se aclaran.

—Madre, no te preocupes —le había respondido—. Seré prudente, ya sabes mis motivos. Han pasado demasiados meses y Carmen no puede esperar toda la vida.

Esbozó una sonrisa pensando en los suyos y comprobó, satisfecho, que había contribuido con todas sus fuerzas al bienestar del que ahora disfrutaban. Era su turno y no sentía remordimiento por el provisional abandono.

Jusuf no le cobró nada por el pasaje y, en el colmo de la generosidad, le había pagado hasta los últimos servicios que hizo en el barco: barrido y limpieza de cubierta, arreglo de velas, ayuda en la cocina y todo lo que sus pocos conocimientos marineros le permitían. De momento por el dinero no tendría que preocuparse, le daba para pagar caballos y posada.

Tiró de la brida, y el caballo se paró. Quería cerciorarse

de un ruido que cada vez era más perceptible. Escuchó con atención. No había duda. Era el galope de caballos que se aproximaban por el camino. «Pueden ser salteadores, ladrones», receló. Sintió miedo, apretó la bolsa de su capital contra el pecho y se apartó de la senda. Buscó un escondite detrás de la valla de un huerto. Un frondoso árbol de membrillos le sirvió de camuflaje. Pasaron tres jinetes a gran velocidad. No parecían mala gente, pero por si acaso no le importó haber tomado precauciones. El olor de la fruta en plena sazón le hizo recordar que llevaba varias horas cabalgando sin parar. Era medio día, hora de reponer fuerzas. Descabalgó. Un relincho de agradecimiento le hizo comprender que el animal también necesitaba una pausa. Buscó las alforjas y, cuando se disponía a cortar la hogaza, oyó una voz que venía de los huertos próximos.

—¡Eh! ¿Tiene algún problema?

Era un campesino que había dejado el arado y requería una respuesta.

—¡No! Voy a comer algo —gritó.

—Venga para acá, hombre, así podremos echar un rato juntos.

No lo dudó. Pausadamente dirigió el caballo hacia su gentil vecino.

—¿Es usted de por aquí? —preguntó el hombre mientras le ofrecía un trago de su bota.

—No, voy a Casarabonela a visitar a un amigo. Ayer llegué a Málaga desde Fez.

—¿Eso está en África?

—Sí.

—Mucho interés debe tener en ver a ese amigo para venir desde tan lejos.

—Es un amigo de la infancia.

—Por sus manos veo que usted ha manejado poco la azada y el arado.

—Ha acertado, no he labrado nunca la tierra. Es una historia muy larga. Yo no soy africano, ¿sabe? Nací y me crié en Sevilla. Me acuerdo mucho de mi ciudad y pienso volver en cuanto pueda.

—Adivino que se trata de un judío de los que echaron, porque pinta de moro no tiene.

—No se equivoca —respondió Samuel un poco incómodo con tanto interrogatorio.

—Pues ande con cuidado, por aquí está la cosa revuelta. A todo el que no demuestra ser buen cristiano, le hacen la vida imposible. Por mí, pierda cuidado. ¿Ve aquella casita? Yo mismo me la arreglé. He vivido siempre en el campo y no quiero saber nada de guerras, aunque con esto de los moros bien que me han fastidiado. Pasaban las patrullas de uno y otro bando y lo arrasaban todo.

Los dos hombres seguían compartiendo sus pitanzas en armoniosa compañía. El campesino tenía deseos de hablar y contó lo bien que estaba la vendimia y el trigo. Pero era demasiado trabajo para un hombre solo.

—A mi amigo le han dado unas fincas en el término de Casarabonela.

—¡Buena tierra! Ahora tendrá mucha tarea hasta que las ponga al día. Han sido muchos meses de abandono y la mala hierba las ha invadido.

A pesar de la agradable compañía, Samuel aceleró la despedida. Tenía prisa por llegar a su meta.

—Cuando pase por Pizarra, revise las herraduras. Son caminos muy pedregosos los de estas sierras. Todavía le quedan unas tres horas. Vaya con Dios, amigo.

Jinete y caballo, repuestos por el breve descanso, aceleraron la marcha. Pronto asomó un grupo de casas blancas, apiñadas, protegiéndose unas a otras. Era el pueblo de Pizarra. Bordeó su pequeña muralla, en la que se observaban los destrozos de la reciente guerra. Comprobó que las herraduras aún aguantaban.

Un sol rojizo y cárdeno se despedía cuando avistó Casarabonela. El otoño regalaba sus colores ocres, verdes, amarillos, marrones como contraste a la luminosa blancura de las casas encaladas en la última primavera e instaladas en un valle fértil que empezaba a regalar sus frutos a sus nuevos dueños. Aunque un poco gastadas, las herraduras resonaron por las calles del tranquilo pueblo. Una mujer asomó la cabeza para curiosear al visitante. Samuel aprovechó para preguntar.

—¿Sabe cuál es la casa de José, un hombre que vive con sus hermanos?

—Ah, ése debe ser José el sevillano.

—Sí —respondió Samuel con impaciencia.

—Él no está. Ha ido a Sevilla a ver a sus padres. Sus hermanos ya han vuelto de la tarea. Siga por esta calle. La primera a la derecha lo llevará hasta su casa, la distinguirá porque tiene unas celosías en las rejas.

—Gracias —respondió con un punto de desilusión.

«Es mala suerte que José no esté. Buscaré a sus hermanos. Siempre tuve buena relación con ellos», pensó.

En la puerta había un hombre tejiendo un serete de esparto que serviría de envase para la cosecha de higos secos. Era Antonio, el segundo de los hermanos. En seguida reconoció al forastero.

—¡Samuel! —Tiró la labor y acudió al encuentro.

Antes de que terminara el abrazo, apareció Curro, el más pequeño. El apretado trío giró alrededor del caballo, que resoplaba al verse liberado de la carga.

—José está en Sevilla. Volverá pronto. Te quedarás hasta que regrese. Del caballo nos ocuparemos más tarde. Ahora pasa y descansa en nuestra casa, que es la tuya.

El zaguán daba paso a un amplio salón desde donde se veían tres dormitorios. En uno de los rincones había un palo fuerte que servía de tranca para una puerta por la que se accedía a un patio. De aquí se pasaba a los corrales, las cuadras y caballerizas, donde comían su pienso dos yuntas de mulos. Por la puerta trasera, que daba al campo, apareció Curro con el caballo ya despojado de montura y brida. Arriba estaban los trojes para el grano y otros espacios para el almacenamiento de frutos. De las vigas colgaban melones y ramos de uvas recién cortadas. Los hombres se acomodaron en la amplia cocina donde estaban dispuestos los leños que servirían como combustible para preparar la cena.

—Buena casa tenéis —comentó Samuel, satisfecho al ver el cambio de vida de sus amigos.

—No nos podemos quejar. Perteneció a uno de los moros que se han marchado. Como ves, está todo un poco sucio y revuelto. Hace falta una mujer que organice esto. Los hombres somos un desastre y además con el trabajo del campo no tenemos tiempo.

—Pues, ¡hala!, animaos. Sois jóvenes y mujeres no faltan —bromeó Samuel.

—Todo se andará —comentó Antonio—. José es el mayor, así que tendrá que empezar él. Aquí hay muchos problemas con los moros que se han quedado. Estamos en tratos con unos de El Burgo que quieren venirse a este pueblo. Allí las cosas están mejor para los cristianos. En cuanto regrese José, terminaremos de ajustarlo todo. Haremos el traslado y entonces vendrán mi madre y mi hermana. Mi padre murió en la última epidemia que hubo en Sevilla. Nos lo temíamos y José nos lo comunicó en su carta. Ha sido una pena que no tuviera tiempo de disfrutar de una vida menos miserable.

—Lo siento de verdad.

—Hemos hablado mucho de ti —continuó Antonio—. Nos comentó José que había recibido una carta tuya en la que le comunicabas el deseo de volver a Sevilla en busca de Carmen. Me imagino que ése será el motivo de tu viaje.

—Exactamente. Vosotros conocéis nuestra historia y lo mucho que nos queremos. Tengo que intentarlo todo. De verdad siento no poderme quedar para ver a José, pero el tiempo corre. Estaré con vosotros un día para que el caballo descanse. Tengo que llegar lo antes posible a Granada.

—¿A Granada? —se sorprendieron los hermanos.

—Sí. Allí me han informado que hay un obispo muy tolerante que concede el bautismo a todo el que lo solicita. Pienso hacerme cristiano para casarme con Carmen.

—Muchacho, eso es amor —comentó Curro—. Y tu familia, ¿qué dice de todo esto?

—Les ha hecho poca gracia, pero sobre todo mi madre quiere que sea feliz por encima de todo. No reniego de nada. El bautismo es pura conveniencia.

—Ojalá tengas suerte —siguió comentando el mayor—. Voy a enseñarte la carta que hace unos días recibimos de José. Dice algo que te puede interesar.

De la alacena del rincón sacó un papel amarillento y con olor a humo. Samuel leyó con interés.

Sevilla, 15 de septiembre de 1493

Queridos hermanos: El viaje lo hice sin ningún contratiempo. Ya sabéis las ansias que tenía de ver a los padres y a Rosa. Mi pena fue enorme cuando comprobé que el viejo había fallecido días antes. Le entró un mal producido, según dicen, por harina de centeno podrida, y no pudo soportarlo.

Madre ha cambiado desde que yo estoy aquí. Rosa también está más repuesta. Las dos desean ir para allá lo antes posible. Ya les he informado de cómo están las cosas y han comprendido que es mejor esperar. No me marcharé hasta que las vea con buen ánimo.

Sevilla está espléndida. La catedral está casi terminada. Dicen que es la más grande, después de la de Roma. Hay moros que llegan de Granada y en el puerto se ve mucho trajín. Desde aquí salen barcos para las Indias.

Algunas tardes voy a ver a Carmen, la novia de Samuel. Lo paso muy mal porque en la carta que me escribió me pedía que no le dijese nada de él. Yo sé que tiene la intención de volver para casarse, pero es posible que no se lo permitan. Por eso no quiere que lo espere. Desea que rehaga su vida. Ella me pregunta, con mucha insistencia, si sé algo de su novio. Me cuesta mucho mentirle cuando me dice que la pretende un buen hombre y que todos la presionan para que acepte. «¿Qué me aconsejas, José?», me pregunta. Me quedo desconcertado sin saber qué responder. Le digo que le dé largas antes de tomar una decisión definitiva a ver si así le da tiempo a Samuel a llegar. Sería terrible que volviese y la encontrara casada. No sé si acierto en el consejo. Os extrañará que me extienda contando estas cosas, pero para mí los problemas de esta pareja son como de la familia.

Tendréis mucho trabajo con la vendimia y la sementera. Espero estar pronto entre vosotros. Os quiere y os manda un abrazo vuestro hermano

José

—Es maravilloso comprobar que hay gente como vuestro hermano —comentó Samuel rompiendo el denso silencio—. La mayoría de la carta se refiere a mí. Parece como si intuyese que yo la iba a leer y quería que estuviese advertido de todo. Me imaginaba que ocurría algo de esto. Incluso me atrevo a decir quién es el pretendiente de Carmen. Ahora entenderéis mi prisa. Estoy ansioso por llegar a Sevilla.

La cena transcurrió en armoniosa charla.

Rumbo a Génova

Jusuf terminó de revisar la nave. Comprobó que todo estaba en perfecto orden: los víveres para la travesía, agua en abundancia, la carga bien distribuida. Eran mercancías de distinto tipo. Por un lado, sedas, lana y tintes; por otro, aceite, frutos secos y vino. Cada cosa tenía que ocupar el lugar adecuado para que no sufriese deterioro. Llevaban anclados en el puerto de Málaga diez días, tiempo suficiente para reparar las velas y calafatear el casco. La proximidad del invierno aconsejaba no demorar la salida.

—¡Izad las velas! ¡Levad anclas! —Era la voz del patrón.

Los marineros se afanaron en cumplir las órdenes.

—¡Todo dispuesto! ¡Adelante!

La Granada rompió las tranquilas aguas, y el viento a favor la ayudó a emprender la marcha, guiada por el timonel rumbo a su destino.

—¡Esperad por favor! ¡Jusuf, espera! ¡Eh, los del barco, parad! —Los gritos y las súplicas se repetían con desesperación.

—¡Patrón, es a nosotros! —alertó un marinero desde el castillo de popa.

En efecto, una lancha se aproximaba al barco. Un hombre, de pie, agitaba un trapo blanco dando voces y otro remaba a la mayor velocidad que le permitían los brazos.

—¡Virad! Parecen gente de paz que pide auxilio —ordenó el capitán.

—¡Samuel! ¿Eres tú? —Jusuf, desde la cubierta, dio un grito de asombro. Efectivamente, comprobaron que se trataba del antiguo compañero de travesía.

La Granada se acercó todo lo que le permitía su abultada quilla. La tripulación pudo ver cómo un hombre ajustaba cuentas y despedía al remero. Trepó por la escala que le lanzaron los marineros. Mojado y sudoroso, saltó a cubierta y abrazó a su amigo Jusuf. Su liviano equipaje rodó por el suelo. Todos estaban sorprendidos de tal aparición.

—¿Qué haces por aquí? ¿Qué te ha pasado? ¿De dónde vienes?

—Lo primero —respondió Samuel, todavía jadeando— es pediros a todos perdón por el asalto y el retraso que haya podido causar. Por eso, por favor, reanudad la marcha porque pienso acompañaros hasta Génova.

—Bueno muchachos, ya habéis oído. ¡Todos a sus puestos! ¡Adelante! —ordenó Jusuf—. Y ahora, Samuel, bajemos a mi camarote. Cuando te repongas, ya me contarás.

En pocos minutos, *La Granada,* ajena a cuanto sucedía, continuó alejándose de las costas de Málaga.

—Vengo galopando desde Granada —contó Samuel a Jusuf, después de ingerir un pequeño refrigerio servido por el cocinero, Muley al Ahmar, un turco amigo de todos y con el que el judío había pasado buenos ratos en su primera travesía—. Me costó varios sobornos conseguir la entrevista con fray Hernando de Talavera, el obispo que me recomendaste. Tenías razón al calificarlo de comprensivo y tolerante. Sin ninguna reserva le conté mi problema y el deseo de recibir el bautismo. Me escuchó con mucha atención y me emplazó para el día siguiente. Según él, debía reflexionar sobre todo lo que le había contado y decidir la mejor solución para todos. No falté a la cita, pero ese día el prelado estuvo enfermo y no tuvo audiencia. Eso me retrasó y por eso casi no llego a tiempo de embarcar para Italia.

—Sigo sin entender nada —dijo Jusuf, que le escuchaba con atención.

—Espera, hombre, es que quiero contarlo con todo detalle para que comprendas.

—Bien, continúa.

—Volvió a recibirme, siempre con la misma cordialidad.

»—Muchacho —me dijo—, para mí lo que quieres es fácil. Ahora mismo te imparto las aguas del bautismo y ya eres cristiano.

»—Eso es lo que deseo —le interrumpí—. Después de recibir el sacramento, podré casarme con la cristiana.

»—Ahí es donde te equivocas. Son muchos los que, para volver a su tierra, a su casa o por cualquier otro motivo, han hecho lo mismo que tú. ¿Y sabes para lo que les ha servido?

»—¿Para qué?

»—Para que la Inquisición los vigile más estrechamente. Al final han terminado torturados en las mazmorras de el Santo Oficio hasta que les han sacado las confesiones que querían. Estamos peor que al principio. El Santo Tribunal vigila a los sacerdotes que cree más tolerantes. No creo que encuentres ninguno que se preste a celebrar vuestro matrimonio. Eres un hombre honrado y no te mereces lo que te ha tocado vivir. Por eso quiero ayudarte.

»—¿Cómo? —le pregunté desolado.

»—Sólo hay una fórmula. Aunque no es segura del todo, puede ser la solución.

»—Estoy dispuesto a seguir los consejos que me dé.

»—Hijo, la curia romana imparte a unos cuantos elegidos un documento llamado Rehabilitación de Fama. Quien lo recibe queda purificado de la infamia de la herejía. Yo estoy dispuesto a redactar un informe en el que conste que has recibido el santo bautismo y que te comportas como un buen cristiano, pero para obtener dicho papel tendrás que viajar a Roma, entrar en la curia y que los cardenales te lo quieran dispensar.

»—Iré a Roma.

»—Eres muy decidido. El mundo es de los esforzados. Ahora tenemos la suerte de tener un papa español. Alejandro VI nació en Játiva, en el reino de Valencia. Por eso lo acompañan muchos cardenales españoles. Soy amigo de uno de ellos, monseñor Alfredo Castiglione, nacido aquí, pero de ascendencia italiana. Los dos estudiamos en el seminario de Sevilla. Nunca le he pedido un favor, éste será el primero. Espero que no tenga reparos y puedas conseguir el documento liberador. Es lo único que a los de la Inquisición les detiene, aunque el que lo posee no debe hacer alardes. Si llegas a contraer matrimonio, que sea todo muy discreto. En Sevilla te conoce todo el mundo y sería un mal precedente para ellos. Espero que me comprendas.

»—Pierda cuidado —le dije. Acto seguido marchamos hacia la iglesia donde me bautizó.

Jusuf asentía con la cabeza. En ningún momento quiso interrumpir a su interlocutor. Samuel sacó una bolsa que tenía pegada al cuerpo y de ella extrajo un papel envuelto en tela impermeable. Lo guardaba como el más preciado tesoro. El amigo leyó:

A la atención del ilustrísimo cardenal monseñor Alfredo Castiglione, miembro de la curia romana.

Yo, fray Hernando de Talavera, obispo de Granada, certifico que Samuel Leví comparece ante mí arrepentido de haber practicado el judaísmo. Desea recibir el santo bautismo, cosa que así se hace, recibiendo el nombre de Manuel. Desde este momento promete comportarse como buen cristiano.

Y para que nadie dude de su sincera conversión, pido a su ilustrísima le sea concedida la Rehabilitación de Fama, convencido de que Dios Nuestro Señor estará satisfecho de tener un nuevo miembro en su rebaño.

Dios bendiga a nuestro Santo Padre, Alejandro VI, cuya vida guarde muchos años y a la Santa Curia.

Fray Hernando de Talavera
Granada, 1 de noviembre de 1493
(celebración de Todos los Santos)

—Ahora comprendes mi asalto —continuó Samuel—. Sabía que pronto partirías para Italia. No podía perder esta ocasión, tal vez única. He cabalgado sin interrupción. He tenido que pagar el caballo a precio de oro. Llegué al puerto de Málaga y me dijeron que *La Granada* acababa de zarpar. Contraté una lancha con su remero para alcanzaros. El resto ya lo sabes.

—De acuerdo —comentó Jusuf—. Por mí no hay inconveniente. Viajarás con nosotros, pero Génova no es Roma, hay mucha distancia entre ellas.

—Ya lo sé. Es lo peor, no por los riesgos que pueda correr, sino porque me apremia el tiempo y porque apenas me queda dinero.

—Procuraré solucionarte lo del dinero.

—Siempre tan generoso. Nunca podré agradecerte lo que has hecho por mí. Trabajaré todo lo que pueda en el barco y quiera Dios que alguna vez cambie mi suerte y pueda pagarte aunque sea un mínimo de los favores.

—Ahora piensa en resolver tus problemas y pide para que la travesía sea serena y sin mayores asaltos. Si es así, en una semana estaremos en Génova.

Terminaron el encuentro, no sin antes contarle al amigo todos los detalles de su viaje a Casarabonela y su desazón por la posible boda de Carmen con otro hombre.

El día lo pasó trajinando, intentando ser lo más útil posible. Al anochecer, a pesar del cansancio, demoró la hora de echarse sobre su jergón. Temía el momento en el que la noche y el silencio le agrandaban los fantasmas. Buscó al turco, su amigo Muley, que siempre estaba dispuesto a contarle historias. A la vez que le informaba de las cosas que ocurrían en el mundo, le distraía de sus angustias.

—Ahora los turcos son el pueblo más temido y más respetado —le contaba Muley bajo un techo de estrellas—, desde que Mohamed II tomó Constantinopla, la llamada segunda Roma por su grandiosidad y su importancia. Las conquistas del imperio otomano no paran. Lo que no me gusta es lo que ha hecho el nuevo sultán Bajacet con su hermano Djem. Los dos querían el trono. Lucharon y perdió este último. No fiándose Bajacet de la lealtad del vencido, lo ha enviado a Italia y permanece retenido en Roma.

—A nosotros nos perjudica bastante esta prepotencia de los turcos —comentó Jusuf, que al pasar se unió a la conversación.

—¿Por qué? —preguntó Samuel.

—Los barcos de bandera turca tienen fama de piratas. Los de Marruecos, al ser también musulmanes, son identificados con los turcos y a veces tenemos que defendernos de ataques injustificados. Debemos llevar mucho cuidado cuando avistamos barcos ingleses, españoles e italianos para que no nos confundan.

—Esperemos que eso no suceda —comentó Samuel—. Oye, Muley, ¿por qué te fuiste de tu tierra?

—Fue por cosas de mujeres. A veces los hombres perdemos la cabeza por ellas y eso no es bueno.

—Eso depende. Yo estoy muy contento de haber perdido la cabeza por una.

Una desgracia

La poca luz que le quedaba al día fue reforzada por la del faro de Molo Becchio, situado en el muelle alargado construido para proteger el puerto. Avistaron la ciudad, su gran muralla y la fortaleza del Castelletto. Sobresalían del agua varios puentes, como pequeños andenes de piedra. A su lado estaban amarrados los barcos para la carga y descarga. El palacio de la Aduana, porticado con arcos ojivales, daba realce al paseo marítimo. A pesar del crepúsculo se veían las colinas cubiertas de cedros, vides en cuyos muñones aún colgaban pámpanos temerosos de morir, olivos que ofrecían sus frutos morados. La naturaleza había sido vencida por el hombre.

Guiada por el práctico, *La Granada* atracó en una de las ensenadas. Una pequeña convulsión sobre cubierta fue la señal de que el barco estaba bien anclado. Excepto un temporal que les causó un retraso de tres días, la travesía había sido buena y la carga llegó en las mejores condiciones. Terminadas las faenas pertinentes, los hombres saltaron a tierra. A bordo quedaron los centinelas que, por turnos, vigilarían durante toda la noche. La descarga estaba prevista al amanecer.

Samuel estaba deseando pisar tierra y caminar por las calles de la ciudad. Por vez primera, estaba en un país europeo que no era España. A pesar de todo, se ofreció como vigilante, puesto que en esos momentos no era deseado por nadie.

—De ninguna manera —le dijeron sus compañeros de tripulación—. Tú vienes con nosotros. Tienes que conocer la vida del marinero en tierra.

Aunque no las había experimentado, algo sabía de las crapulosas noches que vivían las gentes de la mar cada vez que llegaban a un puerto. Atrás quedaron carracas, galeras, carabelas azotadas por rabiosas ráfagas de viento del sudoeste. Todos se dirigieron al barrio de San Pier d'Arena, donde, en pequeñas casas, habitaban los pescadores. Abundaban los garitos con música, juego, vino y mujeres. Samuel decidió participar de la juerga. Iba de una mesa a otra, observando, aprendiendo. Tomaba vino italiano y, a pesar de lo mucho que bebía, su jarra siempre estaba llena. Se unió al corro que animaba a los jugadores de una partida de dados en la que el dinero pasaba de unas manos a otras, según soplaba la suerte. Lo animaron a participar, pero le dio miedo. No dominaba la técnica y necesitaba demasiado su escaso capital como para jugárselo al azar. Habló con una mujer que se interesó por su procedencia, por su vida. Aquel mundo era tan desconocido para él que recelaba de todo. Cuando comprobó que los vapores del vino atacaban a las piernas y a la cabeza, optó por salir y pasear. A la tenue luz de una luna en creciente, a pesar de la nebulosa que envolvía sus sentidos, pudo ver casas incrustadas en los barrancos como los diamantes de una joya, edificios de mármol con franjas blancas y negras, iglesias, calles estrechas, placitas, casas altísimas, algunas con galerías o pórticos hacia la calle. En medio del maravilloso laberinto, la catedral de San Lorenzo, majestuosa. Recordó la de su querida Sevilla. ¡Qué lejos! El fuerte viento ponía música intermitente a aquel marco incomparable. La soledad de la madrugada le regaló la ciudad. Toda para él.

Poco a poco los efluvios del alcohol se fueron desvaneciendo y decidió que era hora de volver al barco. La situación del faro lo orientó. Las botas sobre el pavimento se sumaban a los rumores de la noche.

Algo sintió que le hizo pararse y tomar conciencia de lo que se trajinaba a su alrededor. No, no era el chocar de los barcos contra los muelles, no era la música lejana y estridente que salía de uno de los garitos. Sin embargo, allí había un ruido extraño y persistente. Se protegió en el saliente de una casa y escuchó. Nada. Continuó en su escondite, contuvo la respiración hasta que comprobó que unos pasos inseguros trataban de localizarle. No había duda, alguien le seguía. Esperó. Una figura envuelta en un capote de agua se dibujó en medio de la plazuela. Desconcertado el posible maleante, tiró en dirección opuesta al escondite de Samuel. Éste aprovechó para emprender una carrera. El hombre del capote le perseguía desesperadamente. Tenía que ser más veloz. No había otra salida. El pavimento era resbaladizo y a punto estuvo de caer. La distancia entre víctima y verdugo cada vez era más pequeña. Casi sintió su resuello. Olía a vino.

—¡Ya te tengo, hijo de perra!

Una garra se le posó en el hombro. Se volvió. El atacante no esperaba la reacción y cayó rodando por la patada que Samuel le propinó. Aullaba de dolor. Antes de que se repusiera consiguió avistar el barco. Voceó tan fuerte que un rayo de luz procedente de un farol le llenó la cara. A su ayuda acudió uno de los centinelas. Saltó a cubierta con una agilidad extraordinaria.

—Te has librado de buena —le dijo el vigilante—. Los ladrones y maleantes están al acecho cada vez que llega un barco. Saben que los marineros llevan dinero fresco y ganas de gastar. Cuando los ven muy borrachos, aprovechan para atacarles y quitarles todo cuanto llevan. Son frecuentes los navajazos cuando la víctima se resiste a entregar lo que es suyo. Nadie se atreve a caminar solo por la noche. Has tenido suerte. Esto te servirá de experiencia.

Antes de partir, volvió a pasear por las calles y disfrutó de sus encantos a plena luz del día y sin las angustias de la noche. Subió a la torre de San Lorenzo y contempló la ciudad situada entre el mar y los Apeninos, digna rival de Barcelona y Venecia, que competían por el monopolio del comercio en el Mediterráneo.

Tres días de intenso trabajo, de cargar y descargar sin parar, fueron recompensados por Jusuf con un generoso sueldo. Todos los compañeros le desearon suerte.

—Nunca uses el machete si no es en legítima defensa —eran los últimos consejos del patrón—, pero tenlo presto ante cualquier ataque. Es mal tiempo para emprender viajes. A pesar de tus prisas, procura no cabalgar de noche. Ten la bolsa del dinero siempre a buen recaudo. Que el vino no te enajene hasta el punto de perder el control. No agotes a los caballos. Puede resultarte demasiado caro si los cansas o los mutilas. Ya sabes, estaremos en Venecia hasta mediado el invierno. Esperamos que el regreso lo hagas con nosotros y que consigas ese preciado papel.

—Gracias por todo. Adiós, amigos.

Abrazó uno por uno a los diez marineros, al turco y por último a Jusuf.

Había elegido el mejor caballo, *Trueno*. De momento podía pagarlo. La naturaleza era salvaje y espléndida a pesar de estar a las puertas del invierno. Había estudiado bien la ruta hacia Florencia. Si todo salía bien, tardaría tres días, descansaría uno en Florencia para cambiar el caballo y después otros tres días hasta Roma, meta del viaje. Llevaba media jornada, cuando comprobó con estupor que las lluvias habían borrado los caminos. Paró para comer y darle un descanso al caballo. «No pasa nadie para preguntar —pensó—. Los campanarios sobresalen entre la floresta. Por ellos me guiaré. A partir de ahora tendré que ingeniármelas solo. No me importa.» Pensó en Carmen, y el espíritu aventurero que siempre tuvo lo llenó de valor y se encontró dispuesto a seguir adelante, pasara lo que pasase, en aquel país cuyas costumbres no conocía. Menos mal que con el idioma se desenvolvía bastante bien por el parecido con el castellano.

Fue un simple jergón lo que encontró en la primera posada. El caballo compartió cuadra con otros dos y él durmió como un angelito.

—Tenga cuidado con las placas de hielo —le advirtió el posadero cuando, muy de mañana, reanudó la marcha.

De las alforjas sacó la zamarra de piel de cordero que lo protegería de la gélida mañana. Durante la noche, la temperatura había bajado unos cuantos grados, y los fangos estaban duros. Los belfos del animal eran pequeños cráteres humeantes. Jinete y caballo buscaban los senderos menos resbaladizos. El sol luchaba con la niebla sin ningún resultado. Parecían los únicos seres vivientes del bosque. En aquel eterno amanecer no calculó el tiempo, pero el estómago le avisó de que era hora de reponer fuerzas. Fue un breve refrigerio.

Los días eran cortos y recordó los peligros de la noche. Intentó controlar las bridas cuando iniciaron la bajada de una pendiente. Posiblemente fuera el vuelo de un extraño pajarraco lo que distrajo al animal, con tan mala fortuna que los dos viajeros rodaron por la ladera hasta que un tronco atravesado frenó la caída. Contusionado, Samuel se levantó y comprobó con horror que una de las patas delanteras del caballo estaba partida. Hizo un intento de levantarlo, pero el animal respondió con un relincho de dolor.

—Vamos, *Trueno*. Inténtalo de nuevo, te ayudaré.

Una mirada de cariño fue la respuesta a las caricias de Samuel. Recordó los remedios que José aplicaba a las cabras cuando alguna de ellas se rompía un hueso. Con unas tiras que cortó de los bajos de su camisa, ajustó unas ramas aplanadas con el machete y entablilló la pata lesionada. Pero fue inútil.

Gritó pidiendo auxilio. El vuelo de una bandada de palomas fue la respuesta. La noche amenazaba. No había más solución que continuar a pie hasta el primer pueblo y solicitar un carromato para trasladar al animal. Recogió sus pertenencias y emprendió una veloz carrera, no sin antes hacerle la última caricia a *Trueno*.

Prato, una ciudad próxima a Florencia, debía estar cerca. La niebla era cada vez más densa, hasta que se convirtió en una bola negra, impenetrable y siniestra que le perseguía. Se quitó el gorro que tenía calado hasta las orejas. Palpaba las ramas que le interceptaban el camino. Jadeante caminaba sin rumbo, no sabía si iba o venía. El chasquido de las botas rompiendo los hielos se alternaba con los clamores de los animales dueños de la noche. De pronto, unos ojos oblicuos brillaron en la oscuridad. ¡Lobos! El pánico lo paralizó y oyó el leve trote de las alimañas. Ya no era cuestión de correr. El espíritu de supervivencia le hizo reaccionar. A tientas, cortó unas ramas y les prendió fuego. Oyó con alivio el trote en sentido contrario. Con la improvisada antorcha caminó. ¿Cuánto?

Una aparición sorprendente le dio ánimos. En un claro del bosque, en torno a una hoguera, un grupo de cíngaros, con sus animales y carromatos, comían, bebían y entonaban canciones.

—¿Quién va? —gritó uno de los mozos al escuchar las pisadas.

—¡Gente de paz! —respondió Samuel mientras se acercaba—. Mi caballo ha tenido un grave accidente. En una bajada se ha roto una pata. No hay quien lo mueva. Pagaré lo que sea si me ayudáis con uno de vuestros carromatos. Entre varios lo podemos cargar y llevarlo hasta Prato. El hueso soldará si lo mantiene entablillado e inmóvil.

—Está bien, no hay tiempo que perder —dijo el que parecía ser el jefe del clan.

Tres hombres y Samuel subieron al carro que sería la salvación de *Trueno*. Unas improvisadas antorchas evitaban que las ruedas se estancaran en algún lodazal y con su luz seguían el leve dibujo del camino.

—Ya debemos estar cerca —anunció Samuel—. *¡Trueno! ¡Trueno!* —gritó intentando recibir un relincho como respuesta.

Con el resplandor de los fuegos no percibieron los ojos oblicuos brillando en la oscuridad, pero el leve trote les hizo comprender que llegaban tarde. Pronto vieron los huesos de *Trueno* despojados de su envoltura. Los lobos habían respetado la cabeza con los ojos de mirada cariñosa. Samuel bajó del carro y no tuvo pudor en llorar acariciando la sangrante cabeza de su compañero de viaje.

—Vamos —ordenó uno del grupo—. Ya has visto que es muy peligroso andar solo en esta época. Los lobos y los osos son los mayores enemigos del caminante. Pasarás la noche con nosotros. Mañana será otro día.

Florencia

Llegó a la posada La Florentina. El posadero voceó a las mujeres para que preparasen una habitación al distinguido caballero. En cualquier circunstancia, a Samuel se le notaban los buenos modales.

—No me importaría compartir habitación con otro huésped. He tenido demasiados gastos y no puedo permitirme ciertos lujos —le dijo al hombre que tan gentilmente lo recibió.

—De acuerdo, señor. Queda de mi cuenta encontrarle el mejor compañero —respondió, un poco defraudado al comprobar que el recién llegado tenía más educación que dinero.

Samuel respiró hondo después del aseo. Intentaba olvidar el mal trago de *Trueno*. Los cíngaros se habían portado bien y le permitieron acompañarles hasta la capital de la Toscana. Allí estaba, en la mítica Florencia, famosa en toda Europa por sus tesoros culturales y artísticos. Atravesó el puente sobre el río Arno, que divide la ciudad. Recordó su lejana Sevilla, partida por el Guadalquivir. En las calles estrechas y sombrías, las casas enseñaban carteles de sastres, cuchilleros, ebanistas, cerrajeros y de innumerables oficios necesarios para mantener una ciudad tan viva como aquélla. A medida que se acercaba al centro, las calles se llenaban de vagabundos, pobres, mutilados que enseñaban sus muñones para inspirar compasión, pillos y maleantes de todas las raleas. Era domingo. En la plaza de la Señoría un grupo de comediantes se preparaba para la representación. Esperaban a que terminase la santa misa que se celebraba en la catedral.

Samuel se alegró de haber llegado a tiempo para coger buen sitio. A la salida del oficio divino, una multitud rodeó la tarima donde actuarían los cómicos. La mayoría llevaba sus asientos. Él tuvo que sentarse en el suelo.

Apareció un actor vestido de bufón. Hizo una pirueta y con una exagerada reverencia anunció la obra que iban a representar.

—Señoras y señores —decía en un tono grandilocuente—, a continuación verán ustedes una triste historia que ocurrió en la ciudad de Florencia.

Fue interrumpido por un clamor. El actor esperó a que las voces se aplacasen.

—La venganza que el pueblo florentino infligió a los malvados que quisieron acabar con la muy noble familia de los Médicis.

Volvieron los gritos y los pateos que reflejaban la impaciencia de los espectadores. Se hizo el silencio y comenzó la función. Todos los actores iban ataviados con ropajes vistosos. A Samuel le apasionó la historia que contaban.

Como había adelantado el bufón, la obra contaba la conjura urdida contra los Médicis. Conocido era el buen gobierno que durante años había ejercido en Florencia esta familia, sobre todo Lorenzo, que recibió el sobrenombre de El Magnífico por su buena actuación. Él convirtió a Florencia en una de las más prósperas y cultas repúblicas italianas. La familia Pazzi rivalizaba con los Médicis en fortuna y quería conseguir el poder a toda costa. Como no podían lograrlo con buenas artes, organizaron una conjura para acabar con Lorenzo y su hermano Julián, ayudados por el cardenal de Pisa y algún que otro clérigo. Los invitaron a su palacio, donde se celebraría un gran banquete. El plan era asesinarlos una vez terminada la comida, pero Lorenzo envió un aviso a Francisco Pazzi de que Julián no'podía asistir. Los conjurados tenían tanta prisa en llevar a cabo sus perversas intenciones que decidieron no aplazar la sentencia y actuar ese mismo domingo, 26 de abril de 1478, durante la celebración de la misa en la santa iglesia catedral. Llegó Lorenzo junto con el cardenal cuando la iglesia estaba a rebosar de público. Esperaban a Julián y, como era grande la impaciencia, fueron a buscarlo el mismo Francisco Pazzi y su amigo y cómplice, Bernardo Bandini. Por el camino los tres hombres bromearon con cosas propias de la juventud. Los dos asesinos procuraron acercarse y tocarlo entre bromas a fin de cerciorarse de que no llevaba coraza, daga ni arma alguna. Los Médicis recelaban siempre de los Pazzi, pero, en esta ocasión, estaban tranquilos pues no sospechaban que sus rivales fuesen capaces de matarles en lugar sagrado. Llegada la hora, delante del numeroso público, Bernardo Bandini, con un arma corta, atravesó el corazón de Julián. Éste cayó al suelo bañado en un charco de sangre. Su agresor lo siguió apuñalando con tal saña y rencor que él mismo se hirió en una pierna. Francisco, con otros compinches, atacó a Lorenzo, quien se defendió junto con un grupo de sus amigos. No pudieron acabar con él, sólo lo hirieron levemente en el cuello y logró esconderse en la sacristía. Hasta allí llegó Bandini, ciego de ira al ver que se le escapaba su mayor enemigo. Nada pudo hacer porque las puertas estaban fuertemente cerradas. La gente aullaba de espanto y cuando comprobaron que el obispo de Florencia también había sido cómplice, lo cogieron y lo ahorcaron en medio de la plaza. A los demás conjurados los persiguieron por la ciudad hasta que les dieron muerte y arrastraron los cadáveres por las calles atados a las colas de los caballos. Así fue como terminaron los Pazzi, y los Médicis continuaron gobernando para gloria y bien de la ciudad.

Samuel observó que los espectadores se sabían la historia de memoria. Muchos habían sido testigos directos de tan horrendas matanzas; no obstante, escuchaban con el máximo interés, aplaudían a los buenos, pateaban, silbaban e insultaban a los malos. De camino a la posada, pudo informarse de que Lorenzo vivió hasta 1492. Murió joven. La ciudad seguía gobernada por su hijo Pedro, que no gozaba de las mismas simpatías que su padre.

—Posadero —dijo nada más llegar a su alojamiento—, necesito un buen caballo. Saldré mañana muy temprano para Roma.

—Señor, según me he informado, usted viene de Génova.

—Efectivamente, pero mi destino es Roma.

—No he visto el caballo que lo ha traído.

—Durante el camino se lesionó y cuando acudí a auxiliarlo, los lobos lo habían devorado.

—Perdone nuevamente, pero el reglamento de las casas de postas obliga a pagar el caballo que perezca durante el viaje. Me tendrá que abonar el importe del animal muerto si quiere que le proporcione otro —le aclaró el posadero.

—¿Cuánto me costará? —preguntó Samuel sin salir de su asombro.

—Hay un precio fijo establecido. Son cincuenta florines.

—¿Cincuenta florines? —preguntó estupefacto.

—Sí, señor.

Subió a su aposento. Cerró la puerta para asegurarse de que su compañero de habitación no entraría. Sacó la bolsa. Extendió el dinero sobre la cama y lo contó. Con ochenta florines tenía escasamente para pagar el caballo, alquilar otro y liquidar la cuenta de la posada. Llegar a Roma era lo más urgente, así que decidió continuar el viaje como fuese.

Anochecía cuando la posada empezó a llenarse. No sólo eran los huéspedes que tenían alojamiento, sino gente variopinta con ganas de comer, beber y alguna que otra juerga. Una partida de dados atrajo su atención. Los jugadores y los mirones bebían y chillaban como los marineros de Génova. Al cabo del rato empezó a percatarse de las mañas y trucos. Estaba embebido mirando cuando uno de los presentes lo invitó a participar. Pensó en la necesidad que tenía de dinero y no lo dudó. Cogió el cubilete y lanzó los dados sobre la mesa. Todos contaron los puntos. Luego le tocó al compañero. Ganó Samuel. Los pequeños cubos volvieron a rodar una y otra vez y, como si un hada madrina le hubiese tocado con su mágica vara, la bolsa del español siguió engordando hasta superar con creces el valor del caballo que tenía que pagar. La gente seguía con alborozo la frenética partida. Samuel calculó y pensó con buen criterio que era hora de retirarse. De nada sirvieron los ánimos que le daban todos y las súplicas de su contrincante, deseoso de rehacer su pérdida.

Volvió a insistirle al posadero que el caballo estuviese preparado al amanecer. Su compañero de habitación aún no había llegado. «Mejor —pensó—. No tengo ganas de hablar.» Metió la bolsa del dinero debajo del colchón. Por la mañana pagaría el caballo muerto, el alquiler del nuevo y los gastos de la posada. La bolsa con el informe del obispo siempre estaba sobre su pecho. Pronto cayó en un profundo sueño con la tranquilidad de que sus problemas, de momento, estaban resueltos. No pudo calcular el tiempo que descansó. Se despertó al sentir que algo le asfixiaba. Un hombre le tapaba la cara con la almohada mientras otros dos le ataban de pies y manos. Terminada la operación de amarre, registraron la habitación en busca del dinero. Intentó levantarse, pero las ataduras se lo impedían. Quiso gritar y no pudo.

—Aquí está —dijo uno de ellos sacando la bolsa de su escondite.

Con el mayor sigilo saltaron por la ventana. Liberado de la mordaza, gritó con todas sus fuerzas. Sus alaridos resonaron en la tranquilidad de la posada. Acudió el posadero, que, al verlo de esa guisa, procedió a quitarle las ataduras.

—Son frecuentes estos atracos. Sobre todo si se ha ganado en el juego. Todo el mundo vio cómo guardaba el tesoro. Eso aumenta la codicia. Mire, su compañero aún no ha aparecido. No tiene nada de extraño que haya sido él quien estuviese confabulado con los ladrones. Muchos animan a jugar para luego hacerse con el botín.

—Dígame qué puedo hacer —preguntó Samuel desolado.

—Es inútil que acuda a las autoridades. No hay guardias para tanto maleante.

—Estoy muy lejos de mi tierra. Aquí no me puedo quedar y no tengo ni blanca.

—Señor, desde el principio me ha parecido usted persona honrada y de buenas costumbres. Necesito un mozo para atender a los clientes y las caballerizas. Si quiere, en mi casa tendrá alojamiento, comida y un sueldo con el que puede ahorrar para su pasaje de vuelta.

—Cuánto agradezco su oferta. Me esforzaré en ser el mejor mozo que haya tenido.

Ajustaron el precio. Después de hacer cálculos, Samuel comprobó con pena que necesitaría, al menos, dos meses antes de continuar su viaje. Se acomodó en su nuevo alojamiento, un cuartucho próximo a la cocina. Lo bueno era que no pasaría frío; lo malo, que no tenía ninguna ventilación y que, si en algún momento disponía de tiempo libre, no podría dejar de oír los ruidos producidos por el trasiego de los huéspedes, que le impedirían descansar.

«Dios mío —rezó antes de dormir—, dame fuerzas para soportar tanto contratiempo. Tú sabes los motivos que me mueven en este viaje. No me castigues por haber recibido el bautismo. Siempre responderé al nombre de Samuel aunque en el sacramento cristiano conste como Manuel. Las circunstancias me han obligado a ello. Me enseñaron que un hombre se debe distinguir por sus buenas acciones para ser agradable a Tus ojos. Aun con mis debilidades, procuro que mis pasos transcurran por buenos caminos. Concédeme la gracia de llegar a tiempo de contraer matrimonio con Carmen y poder crear una familia con ella. Es lo que más deseo. Si no, que ella sea lo feliz que se merece. Protege a mi familia de todo mal. Amén.»

El bautizo

María, yo te bautizo en el nombre del Padre, del Hijo y del Espíritu Santo.

Fue el padre Rodrigo, párroco de la iglesia de El Salvador, el encargado de echar el agua del bautismo a Laila, la antigua musulmana traída por la fuerza y separada de su primer amor. Los presentes felicitaron a la nueva cristiana, que, vestida con una túnica blanca, respondía a los parabienes con una leve sonrisa. Invitados a la ceremonia fueron, además de Carmen y sus padres, su hermano, su cuñada y sus sobrinos. Por expreso deseo de Laila, asistieron la madre y la hermana de José. Carmen se encargó de que, en casa, todos saboreasen una copiosa merienda.

—Buenas tardes. —Era Marcelo, que apareció de improviso cuando el grupo llevaba un rato disfrutando de la fiesta.

Respondieron al saludo.

—No te esperábamos —comentó Juan, el padre.

—El viaje se ha retrasado a causa del mal tiempo —respondió el recién llegado.

Carmen, algo alterada por la inesperada visita, contemplaba a su pretendiente. Alto, moreno, pelo ensortijado y cara curtida por mil soles. Su complexión fuerte le daba un aspecto muy varonil. Verbo fácil, buenos modales, situación desahogada. A sus cuarenta años tenía todos los ingredientes para enamorar a cualquier mujer.

Hicieron algunos regalos a la recién bautizada. Ella los agradeció todos, aunque no puso demasiada buena cara cuando el padre Rodrigo le entregó una cadena de la que pendía una cruz. Carmen, en ese momento, recordó la que, junto con la estrella de David que llevaba Samuel, enterraron en un hoyo profundo al pie de un olivo, el día que se despidieron.

El salón de la casa se fue vaciando a medida que los invitados se retiraban. Quedaron Marcelo y Carmen, que pasaron a una salita contigua para poder hablar con tranquilidad.

—Puedes imaginarte que el motivo de mi visita —dijo Marcelo— no es precisamente el bautizo de Laila. Nuestra situación debe aclararse.

—Es una decisión muy difícil. Eres nuevo en Sevilla. Viajas mucho y no conozco tu pasado. Debes comprender mis vacilaciones.

—Las mismas excusas de siempre. Hasta ahora las he aceptado porque entendía que tenías que pensar antes de decidir. Nací lejos, pero llevo años en la ciudad y todos conocen mi conducta. No voy a engañarte diciéndote que eres la primera mujer de mi vida. Para ti debe ser garantía que con ninguna he querido formar una familia. Contigo es distinto, te quiero para siempre y ojalá podamos disfrutar de los hijos que Dios nos mande. Te prometo viajar menos. Hasta ahora no he tenido raíces en ningún sitio. Mi espíritu aventurero me ha llevado a sentirme de cualquier parte. Para los dos ha llegado el momento. No tenemos edad de esperar. Carmen, te quiero tal y como eres. Tampoco seré tu primer novio y ya ves que no me importa.

—Agradezco tu interés y tus atenciones —respondió Carmen después de unos instantes de silencio, en los que intentó escoger las palabras más adecuadas—. ¿Todo esto quiere decir que tengo que decidirme ahora mismo?

—Por favor, Carmen, parece como si te cogiese de sorpresa. Lo único que quiero ahora es saber si de verdad puedo considerarme tu novio y no sólo tu pretendiente. A mis años me parece ridículo estar cortejando constantemente. Sé què tu familia ve con buenos ojos nuestra relación, por eso te lo propongo tan abiertamente. La próxima semana parto para Barcelona. Debo saber ya si estoy dentro o fuera.

—Esperemos a tu regreso.

—No, a mi regreso sería la boda.

—¿Cuándo piensas volver? —preguntó Carmen un poco asustada por la premura con que Marcelo planteaba las cosas.

—A finales de febrero. Estaré fuera aproximadamente un mes.

—De acuerdo, pero permíteme aplazar la boda hasta la primavera. El tiempo previo lo aprovecharemos para conocernos mejor.

—¿Qué te parece el quince de abril, una vez que pase la Semana Santa?

—Podría ser buena fecha —respondió Carmen intentando disimular la vacilación de su voz.

Todos la siguieron llamando Laila. Nadie le preguntó por qué no llevaba la crucecita al cuello. Comprendían las razones de su bautismo y respetaron que siguiera cumpliendo las leyes del Corán. Cada vez era más cariñosa y se esforzaba en agradar a los que la rodeaban.

Aprovechaban las dos amigas, junto al cierro, la luz que generosamente regalaban los días como presagio de la inminente primavera. La boda de Laila sería muy pronto. Era preceptivo preparar los ajuares. Laila, apurada por tenerlo todo en su momento, cosía y bordaba junto a Carmen, quien hacía años que lo tenía dispuesto para la boda que nunca llegó. Por eso, mientras que su compañera se afanaba, ella tranquilamente retocaba las iniciales S y C, de Samuel y Carmen. Con pena deshacía la S. Quedó la C solitaria. A pesar de la insistencia de su madre, se negó a poner la M de Marcelo.

—Esta mañana te vi salir muy temprano. ¿Se puede saber dónde ibas con tanta prisa? —preguntó Laila mientras enhebraba la aguja.

—Fui a El Salvador, quería hablar con el padre Rodrigo.

—¡Qué devota te has vuelto!

—No es precisamente la devoción lo que me llevó a esta visita.

—Entonces qué. Te encuentro triste y me parece, Carmen, que sé el origen de tus males.

—Tú me conoces, no intento ocultarlo. Veo que se aproxima la fecha de la boda y me da un poco de miedo. No quisiera ser una mala esposa, Marcelo no se lo merece. Por eso he ido a pedir consejo al padre Rodrigo. Me conoce desde niña y sabe todo lo de Samuel.

—¿Qué te ha dicho?

—Que deje de pensar en el pasado y afronte el futuro con alegría. Que no desaproveche la ocasión. Todos me creen muy afortunada. Le repetí la idea de ingresar en un convento. «Estás loca —me dijo—. Tú no tienes vocación de monja. Lo tuyo es el matrimonio. Ya verás cómo con el tiempo sentirás cariño hacia Marcelo. Muy jovencita te quitaron, sin probarla, la fruta que habías elegido y por eso sigues soñando con una quimera.»

—Tiene razón el padre, no pienses más en Samuel.

—Eso se dice muy pronto. ¿Tú has olvidado a Hixén?

—El primer amor nunca se olvida, pero ahora estoy ilusionada con José.

—Me alegra verte enamorada. Os conozco a los dos y estoy segura de que seréis muy felices. Lo mío es distinto. Te repito que tengo el presentimiento de que Samuel regresa.

—Ya ha tenido tiempo y si no lo ha hecho será porque no le ha interesado o porque no ha podido.

—Eso es lo peor, Laila, la duda. Cuántas veces pienso en escaparme, ir en su busca y terminar de una vez este tormento. Si está casado, que sea muy feliz; si no lo está y me sigue queriendo, me uniría a él para siempre.

—Veo que sigues pensando las mismas locuras. Sólo sabes que se marchó a África. Nunca llegarás tú sola tan lejos. Además, si está casado, que será lo más probable, cuando te vea se sentirá culpable, le traerás todos los recuerdos y nunca podrá vivir en paz.

—Esto último es lo único que me hace desistir de la idea. Seguro que, como yo, ha tenido muchas presiones para que busque compañera. Y ahora háblame de ti. ¿Habéis decidido dónde será la boda?

—A la madre y a la hermana de José les gustaría que su hijo se casase aquí, en Sevilla. Yo, en cambio, prefiero que sea en El Burgo. Pronto estarán instalados en ese pueblo. Entonces será cuando venga por las tres.

—No entiendo ese interés en que sea en el pueblo. Aquí sería más fácil para todos. Yo podría asistir, ya sabes que me hace mucha ilusión.

—Mira, Carmen, allí nadie me conoce. Aunque sienta como musulmana, puedo empezar una nueva vida sin problemas. Aquí soy una renegada. Me he bautizado con el fin de tener el camino abierto para el matrimonio. No creo que eso sea ningún delito, pero hay gente malévola que no lo ve así. José lo comprendió. En cuanto a que tú nos acompañes, nada nos gustaría más, pero la boda no se celebrará hasta después de la tuya. No pienso dejarte hasta que te vea felizmente casada, de modo que no podrás estar conmigo porque te hallarás sabe Dios dónde, seguro que en algún lugar maravilloso. Por algo tu futuro marido es un viajero impenitente.

—De modo que lo tenéis todo hablado y calculado. ¡Y yo sin enterarme de nada! Eres muy buena conmigo, Laila.

—No hago nada más que corresponder. Ya sabes cómo llegué a esta casa. Nunca pensé que, gracias a vosotros, iba a encontrar nuevamente la felicidad. La familia de José es extraordinaria. ¡Pobres mujeres! Me quieren como a una hija. Espero que los hermanos sean iguales. De momento viviremos juntos, pero más adelante pasaremos a una casa sólo para nosotros.

La tarde terminó cuando Carmen deshacía la última S.

Alborotos en Florencia

Cada día, la posada se llenaba de gente diversa: comerciantes que pagaban por proteger sus productos encerrándolos en subterráneos de los que sólo el posadero tenía la llave, hombres acompañados de mujeres que buscaban habitación para cometer adulterio, jugadores de dados y naipes cuyas broncas, a veces, terminaban a navajazos, desheredados de la fortuna, personas sin techo que intentaban buscar en el alcohol alivio para sus males, cómicos que dejaban los pertrechos de la farándula en los corrales del caserón, bufones sin trabajo porque los señores se habían cansado de sus gracias. A los tullidos, a los pintaviruelas y a todo aquel que por sus deformidades o por su enfermedad pudiese herir la vista de los clientes, se les negaba la entrada.

Samuel trabajaba durante jornadas agotadoras en la cocina, atendiendo a los clientes, limpiando los corrales y las caballerizas. Por muy agotado que se encontrase, durante su corto descanso de la noche debía atender dos veces a los caballos para ponerles pienso; al amanecer, tenía que cepillarlos, revisar las herraduras y colocar las sillas de los clientes más distinguidos. El amo, que tan gentilmente lo recibió cuando creía que podría ser un dadivoso caballero, cambió radicalmente de trato y se aprovechaba de su angustiosa situación. Casi con la comida y el jergón se podía dar por pagado. Menos mal que algún que otro señor se dignaba aflojar su talego y darle alguna propina. Con estos florines engrosaba su pequeño capital, que contaba todos los días, robando minutos a su descanso.

Hacía unas semanas que este grupo tan heterogéneo de clientes se reforzó por la llegada de numerosos soldados franceses. Despertada su curiosidad, el mozo español pudo enterarse de que se habían producido una serie de revueltas para echar del poder a Pedro II de Médicis. Todos sabían que no fue nunca digno heredero de su padre, Lorenzo el Magnífico. Se dedicaba a dilapidar su inmensa fortuna en juergas, vicios y toda clase de excesos indignos de un personaje tan destacado. La ciudad, en manos de la camarilla afín a don Pedro, gente cruel y sin escrúpulos que sólo buscaba escalar puestos de poder y un rápido y fácil enriquecimiento, estaba en el mayor desgobierno y abandono. La gota que colmó el vaso fue la entrega de la República a Carlos VIII de Francia, de la casa de Anjou. Los franceses campaban por las calles de Florencia con chulesca arrogancia llegando, incluso, a entrar en los palacios de los Médicis y llenar sus arcas con pinturas, cerámicas, joyas y objetos de valor atesorados durante siglos por la familia. Hasta tal punto llegó la indignación de los florentinos que se organizó un impresionante motín delante del palacio donde estaba don Pedro.

—¡No más Médicis! ¡Fuera el traidor! —gritaban.

Tan exaltados estaban los amotinados que Pedro temió por su vida y se marchó de incógnito a Venecia. Allí siguió ocupado en sus desmanes.

Samuel llegó a conocer a algunos dueños de carromatos que conducían pasajeros hacia Roma. Con la primavera secando los fangos de los caminos y haciéndolos transitables, cada vez era más frecuente el paso de diligencias. Tenía claro que el viaje lo haría en alguno de aquellos cajones con ruedas: eran más baratos y seguros, pero mucho más lentos que el caballo, modalidad inasequible para él dada su precaria economía.

—Este caballero —le comunicó una noche el posadero mientras señalaba a un hombre de mediana edad, alto y con porte relativamente distinguido— viene caminando desde muy lejos y necesita descansar. Todas las estancias están ocupadas, así es que hemos llegado a un acuerdo para que comparta tu habitación.

—Bien, señor —dijo Samuel por toda respuesta mientras recordaba la amarga experiencia que le retenía allí. Nada le parecía más penoso que compartir su cuartucho, pero, conocida la avaricia del jefe, las protestas hubiesen sido inútiles. Ya pensaría una fórmula para poner su capital a buen recaudo.

Por fin, un domingo, el amo se sintió generoso y le permitió dar un paseo por la ciudad. Llevaba un mes sin ver más horizontes que los de la posada. Agradeció el tibio sol de marzo, que vino a colorear su palidez. Atravesó el río haciendo el mismo recorrido de su llegada. En la plaza de la Señoría no había cómicos, pero sí más alboroto que de costumbre. En el centro, atrapado en la picota con las orejas clavadas en la madera, un pobre y posible malhechor soportaba el lanzamiento de verduras, hortalizas, huevos podridos y de todo lo que los transeúntes y mirones consideraban oportuno para darle un ejemplar castigo. Sintió horror ante tanta crueldad. Ganas le dieron de liberar al desgraciado, cuando alguien próximo le saludó.

—Buenos días. ¿Sorprendido?

La sorpresa no era tanto por lo que veía, sino por recibir un saludo en una ciudad en la que no conocía a nadie. Pronto salió de su asombro al comprobar que su interlocutor era el hombre con el que compartía habitación.

—Buenos días —respondió—. Sí, siento pena por ese pobre diablo.

—La gente disfruta con la violencia, la sangre y el dolor ajeno —comentó el recién llegado.

—Yo también soy gente y creo que lo que están haciendo es una barbaridad. Habrá formas de aplicar justicia que no sean tan humillantes. Considero que los que gozan con el dolor ajeno son de mala ralea —dijo dejando escapar su indignación.

—Seguramente el delito no corresponde al castigo, pero las autoridades quieren meter miedo a la población. Estos espectáculos sirven de ejemplo para frenar la delincuencia.

—No defiendo al delincuente, pero creo que el hambre es muy mala consejera. Los poderosos viven en sus grandes mansiones y, para su tranquilidad, lo único que se les ocurre es inventar castigos. ¿Por qué no se ocupan de que la gente coma y viva dignamente? Le aseguro que disminuiría el número de maleantes.

—No me conoces y te atreves a hacer semejantes comentarios. Demuestras ser valiente y tener buen corazón.

—Cualquier persona de bien sentirá igual que yo, ¿no lo cree?

—Antes de seguir con tan interesante conversación, debemos presentarnos. Mi nombre es Adriano, compartimos posada y no hemos hablado ni una sola vez. Te veo siempre tan afanado que apenas tienes tiempo para dormir.

—Me llamo Samuel —dijo mientras observaba al hombre de palabra fluida y educados modales.

—Dejemos este bullicio. Tienes nombre judío y acento español. Además, te expresas como hombre culto y no como un vulgar mozo de posada —comentó mientras recorrían el laberinto de calles adornadas por impresionantes palacios.

—Has acertado —respondió Samuel, sorprendido de la sagacidad de su interlocutor—. No me ha traído aquí el deseo de hacer negocio alguno. Voy camino de Roma. Me robaron el primer día y tuve que aplazar el viaje hasta que tenga dinero para continuar. El posadero me ofreció este puesto y no tuve más remedio que aceptar. Y ahora dime quién eres tú y de dónde vienes —preguntó cuando se dio cuenta de que había sido demasiado locuaz y espontáneo con un desconocido.

—No temas por mí. Vengo de Siena y también voy hacia Roma. Mi historia es un tanto triste e injusta. Tengo que llegar hasta la curia. No voy a parar hasta que todo quede claro.

—¡Qué coincidencia! —exclamó Samuel en un impulso y en un deseo de desahogarse con alguien—. Yo también busco a un cardenal que está en el Vaticano.

—¿Qué hace un judío en el Vaticano?

—Como la tuya, mi vida tampoco ha sido alegre, está hecha de sufrimientos, agravios, destierros —dijo con melancolía mientras la gente y la ciudad pasaban ajenas junto a dos hombres que, a pesar de los mutuos recelos, estaban deseosos de volcar sus corazones—. Si me dices a qué te dedicas y cuál es el motivo de tu viaje, te enseñaré algo que te sorprenderá.

—Adivino que eres uno de los judíos que fueron expulsados de España.

—Exactamente. Bueno, ya sabes demasiado. Y tú, ¿qué?

—Soy sacerdote.

—Por tus modales, casi lo había descubierto.

—Estaba al cargo de una de las parroquias de Siena. Mis relaciones con el señor obispo nunca fueron buenas:

su vida licenciosa, su despotismo con los humildes, su connivencia con los poderosos, no me parecían dignos ejemplos de un pastor que debe conducir a sus ovejas. Alguna vez me atreví a reprocharle ciertas conductas. La gota que colmó el vaso fue su complicidad con el francés. Carlos de Anjou es un rey extranjero a quien lo único que le interesa son las riquezas y tesoros de Italia. El obispo se ha dejado comprar y en una homilía consideré mi deber advertirle al pueblo de todo lo que se fraguaba a sus espaldas. El castigo no se hizo esperar. Esa misma tarde recibí un comunicado en el que se me decía que estaba suspendido de mis funciones como sacerdote; en veinticuatro horas debía abandonar la ciudad bajo pena de ingresar en los calabozos, si no lo hacía.

Samuel, ante tanta sinceridad, estuvo dispuesto a contarle toda su aventura y a enseñarle el papel que lo avalaba como cristiano.

En la puerta de la posada le sorprendió la llegada de una mujer a quien, a pesar de su cojera, se le adivinaban andares de cortesana. El posadero la atendió con cierta reticencia. No era costumbre ni deseable alojar a una mujer sola, siempre traía problemas. Pero la bolsa que le mostró, acabó por convencer al avaro.

El salón se fue llenando de clientes que demandaban sus servicios, y el mozo tuvo que ponerse en acción con diligencia. La dama bajó de su aposento y se sentó en un rincón apartado. Pidió vino y comida para el almuerzo. Antes de que Samuel llegase con las viandas, dos hombres tomaron asiento a su lado y la importunaron con bromas de mal gusto. Ella no respondía, pero, cuando intentaron abrazarla, se levantó muy tranquila, vertió la jarra de vino sobre sus cabezas y acto seguido se la estrelló en las narices. Al unísono, sonó una carcajada.

—¡Eh! La moza es brava —gritó uno de los agredidos—. Muñeca, las mujeres como tú deben ser más dóciles.

—¡Y tú qué sabes cómo soy yo! Primero aprende modales, grosero —le dijo con altanería.

Fue el padre Adriano quien se interpuso entre la dama y el hombre cuando éste, despechado, intentó agredirla de nuevo.

Roma

El viaje transcurrió sin incidencias dignas de mención. Fueron cuatro días de traqueteo y de polvo que llenaba los pulmones. La diligencia paró en cada aldea, en cada pueblo, dejando y recogiendo viajeros. A los tres que salieron de la posada La Florentina, les parecía demasiado lenta. Sobre todo Samuel sentía que algo le roía el alma. Cualquier demora podría echar abajo sus planes. ¿Y si Carmen estaba casada? «¡Rápido, rápido!», se repetía una y otra vez contemplando el pausado trote de los caballos. Los mesones que les sirvieron de alojamiento a lo largo del camino eran mugrientos y malolientes. Sin embargo, el sacerdote, la dama y el judío siempre encontraban un rincón adecuado donde poder hablar y compartir su tragedia. Parecía que el destino les había jugado una buena pasada.

Desde el primer día, Claudia, la dama coja de andares cortesanos, se refugió en la presencia de los dos hombres que le ofrecieron protección.

—Me di cuenta enseguida de que podía confiar en ustedes. No olvidaré la acertada actuación del padre el día que llegué a la posada. Hombres como el que quiso sobrepasarse, son de lo más frecuente. Tienen la idea de que las mujeres que viajan sin compañía son prostitutas o brujas. Por eso deseo explicarles por qué estoy tan sola.

—No tiene ninguna necesidad —respondió el padre Adriano—. La seguiremos respetando del mismo modo.

—Desde luego, pero poder contar los pesares, en cierto modo, es como compartirlos —hizo una pausa—. Durante quince años —prosiguió— viví unida a un hombre al que amaba con toda mi alma y que me rodeó de lujos sin cuento. Me casé muy joven, tenía buena casa, criados, trajes y lo que puede añorar una esposa para ser envidiada. En Venecia se nos conocía, se nos respetaba. No había artista ni persona importante que no pasara por nuestra casa sin que le brindásemos hospitalidad. Al cabo de los años noté en mi marido un despego hacia mí, un rehuir los íntimos encuentros. Me puse en guardia, lancé a mis espías y pronto supe la verdad: tenía una amante más joven. ¿Quién? No paré hasta descubrirlo. Se trataba de una de mis doncellas.

—Supongo que la pondría de patitas en la calle —comentó Samuel, que escuchaba con atención.

—Naturalmente. Ésa fue la reacción inmediata, pero mi marido montó en cólera y me obligó a admitirla de nuevo.

—¿Qué hizo entonces? —preguntó el padre Adriano.

—¿Qué puede hacer una mujer en tales circunstancias? Aunque nunca tuve demasiada confianza en sus remedios, acudí a una santera de las que hacen conjuros y preparan bebedizos. Empecé poniendo una imagen de cera debajo de su cama y, como no dio resultado, preparé una pócima con polvo de golondrinas quemadas, mezclado con el agua de lavarse los pies.

—¿Cómo es posible que crea en esas cosas? —comentó el sacerdote.

—Se ve, padre, que no conoce a las mujeres. No tenía otra salida y ésa fue mi perdición.

—No debe ser agradable tomarse el agua de lavarse los pies, pero tampoco es ninguna tragedia —dijo Samuel.

—Naturalmente. Pero, cuando se quiere hacer daño a una persona, se aprovecha cualquier debilidad. Mi marido, enterado de mi trama por otra sirvienta, como lo que quería era perderme de vista y quedarse en la casa solo con la amante, me denunció al tribunal de la Inquisición acusándome de bruja y de haberle querido envenenar.

—¡Qué horror! Creí que ese tribunal sólo existía en España.

—Está en un error, lo hay en muchos sitios y el de Venecia es de los más crueles. Como mi marido es un hombre influyente, enseguida lo creyeron. Yo lo negaba todo, pero de nada sirvió. Me metieron en los pozos, unos calabozos inmundos de los que nadie sale con vida. Como seguía negando, comenzaron las torturas para que confesase. Empezaron por el torniquete. Me apretaron la pantorrilla hasta que saltó la tibia. De ahí me ha quedado esta maldita cojera. Terminaron por la zambullida. Atada a una silla, me metían en el río. Si salía con vida, era porque el demonio me ayudaba. Así que no tenía escapatoria.

—¿No le horroriza contar y recordar todo esto? —preguntó el sacerdote.

—Sí, padre, pero deseo desenmascarar a esos impostores que se las dan de santos y de actuar en nombre de la fe. Algún día, desde algún sitio, escribiré para que todos conozcan sus crímenes.

—Explique, por favor, cómo escapó —le suplicó Samuel.

—Cuando estaba a punto de ser llevada a la hoguera, uno de mis fieles amigos, sobornando a los guardianes, pudo llegar hasta los calabozos y sacarme. Me trajo hasta Florencia escondida en un carro de heno. En el camino cambié las ropas e intenté componerme lo mejor posible para no levantar sospechas. También me procuró una buena bolsa de dinero y algunas de mis joyas. El resto lo conocen.

—Ya que ha sido tan sincera, ¿sería indiscreción preguntarle si, aparte de huir, tiene algún motivo especial para viajar a Roma?

—Es una buena pregunta —continuó la dama con el mismo tono triste con que había narrado toda la historia—. Hace un año, aproximadamente, acogimos en mi casa al príncipe Djem, a quien perseguía su hermano Bajacet, sultán de Constantinopla, porque, según él, quería arrebatarle el trono. Con nuestra ayuda pudo llegar a Roma y está refugiado en el Vaticano, donde le dispensan toda clase de atenciones. Espero que me acoja aunque sea como una de sus numerosas sirvientas.

Hubo tiempo para que cada uno aflojase la carga de sus pesares compartiendo historias de su vida. Tres personas de diversa procedencia, de dispares intereses, buscaban una misma meta para conseguir distintos objetivos.

Samuel contempló la ciudad situada en el valle del Tíber, en una encrucijada de caminos. Allí estaba Roma, la que fue capital de un vasto imperio, meca de los católicos. Buscaron posada en el Trastébere, barrio situado a orillas del Tíber y cerca del Vaticano.

—Mala época para visitar Roma —comentó el posadero.

—¿Qué ocurre?

—Hace dos días que el rey Carlos, el francés, de paso hacia Nápoles, se paseó por la ciudad haciendo alarde de su poder. Fue un desfile militar en toda regla. Los soldados franceses, suizos, escoceses y alemanes que forman su ejército, se pavonearon por todas las calles. Roma parecía una ciudad tomada por los extranjeros. El de Anjou ha conseguido echar a Fernando, el español. ¡Vivir para ver! —se lamentaba—. Siempre han sido malas las relaciones entre los reyes de Nápoles y el Vaticano, y ahora ya lo ven. Todo se compra con dinero. La gente anda revuelta, unos a favor y otros en contra.

—Gracias por advertirnos. Procuraremos ser prudentes y no hacer comentarios.

Fue el sacerdote el que sirvió de guía a los visitantes. Contemplaron con admiración los arcos de triunfo erigidos por distintos emperadores, la Vía Apia bordeada de mausoleos, el Foro, las termas de Diocleciano, las de Constantino, la Vía Venezia y su ostentoso palacio. Descansaron en una de las siete colinas desde las que Roma muestra su glorioso pasado. Después de palpar la historia llegaron al Vaticano, donde cada uno debía abordar su empresa.

—Deja de mi cuenta la entrevista con el cardenal Castiglione —le aconsejó el sacerdote a Samuel.

La dama tuvo fácil acceso a la parte de palacio que ocupaba su amigo turco. Quedaron en la posada a la hora del almuerzo.

A pesar de la impaciencia, Samuel dedicó las dos horas que quedaban para la cita a disfrutar de lo que le rodeaba. Aunque para él no tenía el mismo significado que para un cristiano, quedó sobrecogido con la grandiosidad de la plaza, con la basílica donde los fieles rezaban ante la tumba de San Pedro, con los frescos de la capilla Sixtina pintados por Botticelli y otros ilustres pintores durante el papado de Sixto IV y con todo el cúmulo de lujo y arte que llegaba a ser casi un insulto. Le llamó la atención la guardia suiza que custodiaba el palacio.

El encuentro de los tres compañeros de viaje fue a la hora prevista.

—Estoy muy satisfecha —dijo Claudia, a la que, por cortesía, dejaron hablar primero—. El príncipe Djem me recibió de inmediato. Quedó sorprendido por mi visita y se ha ofrecido a prestarme la ayuda que necesite. A partir de mañana, me alojaré en su palacio. Hay negociaciones entre el papa y el sultán, su hermano, para que le deje regresar a Turquía. El príncipe firmará unos acuerdos por los que se compromete a no intervenir en las cuestiones de estado, a dejar el trono absolutamente en las manos del sultán. A cambio, Djem recibirá tratamiento de príncipe con derecho a palacio, criados, harén y todo lo preciso según su dignidad; también podrá ocuparse de los asuntos de las artes y las letras. Me ha aconsejado que, cuando él parta, lo acompañe. Aquí no me considera segura. La Inquisición tiene contactos y espías por todos sitios. Tarde o temprano me encontrarían y sería mi perdición. Por mucho que me cueste dejar Italia, sobre todo por mis hijos, que aún me necesitan, debo reconocer que lleva razón. Así que, mira por dónde, acabaré, si Dios no lo remedia, en Constantinopla. Y ahora hable, padre.

—Mi credencial de sacerdote me abrió rápidamente las puertas —comentó él—. En media hora estaba en el despacho de monseñor Tornicheli. Después de conocer las razones de mi visita, llamó a Castiglione. Los dos, junto con otros, están formando un movimiento para frenar la mala política del Santo Padre, Alejandro VI. Son muchos los abusos que se están cometiendo por parte de la curia. Por eso hay un grupo que quiere volver a los principios evangélicos. Dijeron que necesitaban sacerdotes como yo para ayudarles en su labor. Me han ofrecido un puesto en el Vaticano.

—Eso es estupendo —comentó Samuel tratando de disimular su impaciencia por saber si había hecho algo de su gestión.

—Respecto a tu asunto —continuó refiriéndose a él—, quieren conocerte.

—¿Crees que me darán el papel?

—No lo dudo. Mañana mismo vendrás conmigo y tendrás tu Rehabilitación de Fama, que te acreditará como buen cristiano. ¡Al fin podrás casarte, muchacho! —dijo dándole una palmada en el hombro.

—Espero llegar a tiempo. Será como un sueño.

—Ya que los tres estaremos en el Vaticano —propuso Claudia—, ¿por qué no nos reunimos en el palacio del príncipe Djem? Le he hablado de ustedes y le gustaría conocerlos. Mañana mismo establezco allí mi residencia, así que me encontrarán a cualquier hora.

Monseñor Alfredo Castiglione, miembro, por la gracia de Dios, de la Santa Curia Vaticana,

Expone:

Que Manuel Leví, miembro que fue de la herética religión judía con el nombre de Samuel, tomó el bautismo de manos del obispo de Granada, fray Hernando de Talavera, reconociendo sus antiguos errores y comportándose, desde entonces, como buen cristiano. Queda rehabilitado a los ojos de Dios, y apto para recibir cualquier otro sacramento.

Dado en el Estado Vaticano a 15 de marzo de 1494.

Alfredo Castiglione

Samuel lo leyó una y otra vez. Pensó cómo un papelito podría proporcionarle tanta felicidad. Lo guardó dispuesto a defender con su vida aquel tesoro.

La residencia del príncipe Djem ocupaba un ala de los palacios Vaticanos. Estaba decorada con lujo, pero nunca con la suntuosidad que acostumbraban los jefes otomanos. Las paredes del salón estaban cubiertas con vistosos tapices, y un pebetero perfumaba el ambiente. Después de servirles el tradicional té como señal de hospitalidad, el príncipe mandó salir a los criados para gozar de más intimidad.

—Mi buena amiga Claudia me habló de cómo la han protegido ustedes en todo momento —habló el príncipe—. Es una injusticia lo que se ha hecho con ella y pienso ayudarla en todo lo que pueda. Así mismo, con respecto a ustedes, probada como está su honradez, cuenten conmigo si en algo puedo serles útil.

—Djem —dijo la dama—, Samuel es un hombre muy preparado, habla varios idiomas, está curtido por el sacrificio, sabe adaptarse a cualquier situación, y su lealtad está más que probada. Creo que te sería de gran ayuda cuando regreses a Constantinopla.

—Yo, señor... —dijo Samuel, al que la sorpresa lo había dejado mudo.

—Como siempre, amiga mía, eres sagaz para conocer a las personas. ¿Tú estarías dispuesto, muchacho? En muy poco tiempo terminará mi destierro. Mi hermano, el gran sultán, padre y jefe de los turcos, ha reconocido su error, está arrepentido del trato que me ha dado. Por otra parte, sus múltiples conquistas lo tienen absorbido de tal manera que no le queda tiempo de ocuparse de los asuntos internos. Hoy el poder otomano se está imponiendo en Asia, Europa y África. Por eso necesita gente que le organice la casa. Si te decides, te aseguro que no te arrepentirás.

—Señor —respondió Samuel, desconcertado—, Claudia le habrá informado de mis propósitos. Le agradezco su confianza, pero en este momento mi primer objetivo es regresar a Sevilla y unirme a la mujer que quiero.

—Esos sentimientos dicen mucho en tu favor. No obstante, son compatibles con mi propuesta. Vuelve a España y cuando hayas conseguido tu meta, venís los dos a Constantinopla. Busco gente inquieta, arriesgada, culta, leal, y tú, por los informes que tengo, reúnes todas esas cualidades. Serás uno de mis más directos colaboradores. Tendréis palacio, criados y todo cuanto podáis necesitar.

—También cuenta mi familia. Desde la expulsión vive en el norte de África y no me gustaría perder el contacto con ella. Ha sufrido mucho con el exilio.

—Mi querido amigo (permíteme que te dé este trato), podrás viajar para visitarla cuantas veces quieras, y si desean residir en mi ciudad, estaría encantado de buscarles acomodo.

—Ha depositado en mí demasiada confianza. Temo no estar a la altura, temo defraudarle.

—Cada una de tus respuestas me confirma que no te ciega la ambición. Tienes inteligencia y pondré a tu servicio buenos asesores. Creo que para los dos ha sido un encuentro providencial. Te procuraré dinero suficiente para tu regreso a España y para vuestro viaje a Constantinopla.

—Me haría muy feliz que nos reuniésemos todos allí —comentó Claudia—. Y usted, padre —dijo refiriéndose al sacerdote, que había permanecido en silencio durante toda la entrevista—, sería mi huésped de honor.

—Muchas gracias —respondió—, pero, por el momento, me retienen aquí asuntos importantes. En estos tiempos de guerras y persecuciones, me gustaría aceptar su ofrecimiento aunque sólo fuese por demostrar a los intolerantes que las religiones no deben ser motivo de odio y enfrentamiento entre los pueblos. Aquí estamos reunidos en paz cristianos, musulmanes y judíos porque —dijo refiriéndose a Samuel—, a pesar de lo que diga el papel, tú te sigues sintiendo judío. No nos engañemos. —Éste asintió con la cabeza.

La entrevista continuó en un tono distendido. Se despidieron con los mejores deseos. El príncipe y Samuel sellaron con un abrazo su acuerdo.

—Hasta Constantinopla.

Preparativos de boda

Sevilla, 7 de abril de 1494.

Los criados daban los últimos toques a la casa. Dentro de una semana era la boda, y el amo había dado órdenes de que no faltase ni un detalle. Allí se celebraría el banquete después de la ceremonia en la parroquia de El Salvador, oficiada por el padre Rodrigo. Todos los invitados, más de cien, habían sido avisados con suficiente tiempo. Llegaron dos cocineros genoveses para que la comida tuviese un toque italiano. El novio quería impresionar a la buena sociedad sevillana y hacerse un sitio dentro de ella. «Quiero que disfrutemos de un largo período de tranquilidad —le había dicho a Carmen—. Por eso tengo que ausentarme una temporada para dejar los negocios en marcha. No te preocupes, que dos días antes estaré de vuelta. Pasa de vez en cuando por la casa, al fin y al cabo queda muy poco para que sea tuya, y vigila para que todo esté a tu gusto. Los criados deben acostumbrarse a su nueva señora.»

—Marcelo es muy bueno —le había comentado Carmen a Laila en una de las muchas tardes de coloquios—. Quiere conquistarme a toda costa y yo no sé si me voy a acostumbrar a mandar a los criados y a tanto lujo.

—Eres tonta, hasta el último momento vas a estar dudando. A lo bueno se acostumbra una enseguida.

—¿Crees que me sienta bien el traje?

—Estás guapísima. Será una sorpresa para el novio, que no debe verlo antes.

—Mi madre no ha debido colocarlo tan pronto en medio del salón. Tiene más interés en la boda que yo.

—¿Pronto? Si falta una semana. No te preocupes. Cuando venga Marcelo, tendré cuidado de que no lo vea.

De nada le sirvió tener una buena bolsa de dinero. Cuando llegó al puerto de Venecia, no había ni rastro de *La Granada*. «Ha pasado demasiado tiempo», pensó. No había galeras mercantiles dispuestas a zarpar. La primera que lo haría era una de mala muerte. Se embarcó sin pensarlo. Viajó en medio de una apretada muchedumbre. Finalmente, desembarcó en Barcelona y buscó la mejor casa de postas. Renovaba los caballos con frecuencia para tragarse los caminos.

Olía a azahar. Era de noche cuando llegó a Sevilla. Buscó buen alojamiento. Después de asearse, salió a la calle. Adivinó la carnicería. De los balcones se escapaba una tenue luz de candelabro. Cerró los ojos y vio a Carmen, oyó su voz, olió su pelo, tocó su talle, cogió sus manos. Sintió la amargura de la duda. «¿Estará casada? No hay nadie a quien preguntar. Mañana.» Continuó hacia su antiguo barrio, pasó por su casa, salió un hombre de edad madura.

—¿Desea algo?

—No, señor.

Caminó para no levantar sospechas. La luz de la luna le mostraba los caminos, las casas, los rincones. Todo estaba allí, sin él, como si nada hubiese pasado. Una vieja tiró agua por la ventana.

«Casi me pilla. Estoy hecho una pena después del viaje. Antes de presentarme tengo que comprarme ropa. Aunque sea usada, encontraré algo decente. Hay buenos sastres en la Alcaicería. Allí fue donde me pegaron aquellos hijos de... Carmen me defendió. ¡Qué buena es! Tendremos hijos tan buenos y guapos como ella. ¿O no? Si está casada, no me verá. Quiero que sea feliz.»

Llegó a la inmensa catedral ya terminada. «Me han dicho que es la más grande del mundo, después de San Pedro de Roma.» La Giralda proyectaba una larga sombra, la brisa movió un naranjo que llenó la noche de aromas. Buscó la posada de la Plaza Nueva.

—¿Conoce la ciudad? —le preguntó el posadero.

—Sí.

«Nadie se acuerda de nosotros. Nadie sabe quién soy. Mejor. Estoy muy cansado.»

No durmió. No pudo esperar a que abrieran las tiendas de ropa. «Iré con esto mismo, qué más da.»

Las tímidas luces del alba daban paso a los luminosos colores de la primavera sevillana, cuando Samuel salió al encuentro de ¿su prometida? «¡Quién sabe!» Caminó despacio. «¿Llegaré tarde? ¡Ánimo! Peor es la duda.» Ya estaba Juan preparando los artículos. Laila barría la puerta de la calle.

—Buenos días, ¿vive aquí la señorita Carmen?

—Sí, señor —respondió la sirvienta mirando con extrañeza al recién llegado.

—¿Sigue soltera o se ha casado?

—Para responderle tendré que saber primero quién es usted.

—Soy un antiguo conocido de la familia. Llevo mucho tiempo viajando y me gusta saber qué ha sido de los amigos.

—Aún está soltera. Se casa el día quince. Ya está todo preparado. Va a ser una gran boda.

—¿Le importaría darle esta nota? Le alegrará saber de mí. Muchas gracias.

La casa estaba en silencio. La madre, con sigilo, iba de un lado para otro antes de bajar al despacho. Laila entró en el dormitorio, abrió la ventana para que a Carmen le llegase la luz.

—Despierta, tengo un recado para ti.

—¿Un recado? Será algo de la boda. Es demasiado temprano para atender a nadie.

Un uuuuh soñoliento fue la respuesta de Carmen mientras intentaba abrir los ojos de mala gana.

—Por favor, mira lo que me ha dado —decía mientras intentaba mostrarle la nota.

—Abre un poco más la ventana, no puedo leer —dijo incorporándose.

Leyó: «Amor mío, estoy aquí. Samuel».

Volvió a leer. Dio un grito: «¡Samuel». Saltó de la cama.

—¿Dónde está, Laila? Por favor, no será ninguna broma.

—¿Me crees capaz de una broma semejante? Está esperando respuesta. Antes de darme la nota me preguntó si estabas casada. Eso me hizo sospechar que era él. Me dije: «La tengo que llamar».

—¡Lo sabía!, ¡lo esperaba! —gritaba repetidamente—. ¿Cómo está, Laila, cómo está?

—Muy guapo.

—¡Samuel! ¡Samuel! —repetía mientras besaba la nota.

—¿Qué ocurre? ¿Por qué esos gritos a estas horas? —preguntó la madre.

—¡Samuel! ¡Madre, está aquí! ¡Ha vuelto!

—No creo que la víspera de tu boda sea el mejor momento para volver —comentó la señora Antonia con mala cara.

—Me caso con él, madre, me caso con él.

—Estás loca. No puedes hacerle eso a Marcelo.

—Déjalo, no lo comprendes. Quiero que suba, madre, y, por favor, dejadnos solos aunque sea media hora. No quiero testigos en nuestro encuentro. —Cambió de tono—. Laila, ayúdame a arreglarme estos pelos. ¡Mira qué pinta! Trae el traje azul. ¡Rápido! ¡No aguanto más!

Abrió todos los cierros. Los grises del amanecer se habían disipado. Entró Samuel. No hubo palabras mientras duró el abrazo envuelto en risas y lágrimas. El traje de novia fue mudo testimonio del tiempo de arrullos que compensaba todas las ausencias.

—¡Lo sabía! ¡Lo sabía! ¡Has vuelto! —Lo miraba—. ¡Samuel! ¡Estás aquí! ¡Has llegado a tiempo!

De puntillas, entró Laila para retirar el traje.

—No he vivido pensando que fueses de otro. Vamos a tranquilizarnos, amor mío, tenemos mucho de que hablar. ¿Serás capaz de dejarlo todo por mí?

—¿Tú qué crees? —puso en los ojos toda la chispa coqueta que le permitían las lágrimas—. En un momento me preparo y salimos. Hablaremos con más libertad.

Después de saludar al señor Juan y a la señora Antonia, correspondió a la presentación de Laila. Salieron. Caminaban sin rumbo por las callejas y plazas de la ciudad que los separó y que ahora volvía a unirlos. Hablaban, se miraban, sólo existían ellos. Sin previo acuerdo, se encontraron en la Puerta de Carmona, salieron a los huertos. Allí estaba «su» olivo. Se refugiaron en la sombra. Sentados durante un rato guardaron silencio para no romper el embrujo del momento.

—¿Buscamos la estrella y la cruz? —preguntó Carmen.

—No, posiblemente nos traigan amargos recuerdos. No pienses en el pasado, el futuro es nuestro. Trataremos de recuperar el tiempo perdido. Es mejor mirar el olivo como símbolo de paz.

—¿A que no conservas la ramita?

—Te equivocas. —Buscó en su pecho, sacó la bolsa donde guardaba los papeles que lo avalaban para acceder al matrimonio. Sobre la mano cayeron unas hojas secas—. Mira, también está el tallo. Ha sido mi talismán, no me he separado de él ni un instante. En los peores momentos, lo tocaba y me daba ánimos.

—Cuando lleguemos a casa te enseñaré la mía. Ahora las pondremos juntas.

El ruido de un carruaje y el chasquido del látigo del carretero los sacaron de su arrobo.

—Vamos, es mediodía. No quiero enfadar a mi madre, bastante lo está ya con el cambio de boda. Tenía un gran interés en que me casara con Marcelo.

—Todavía estás a tiempo —dijo Samuel bromeando.

—Estás tonto —respondió en el mismo tono de broma a la vez que lo apretaba contra su pecho—. Ya te tengo y no te separa nadie de mí. Espero adaptarme a esa ciudad tan lejana y tan extraña.

—Dicen que Constantinopla es muy linda.

—¿Mejor que Sevilla?

—Mujer, es otra cosa.

—Me da igual cómo sea, el caso es estar juntos. Seguro que mi padre me da el dinero de la dote. Tendremos suficiente para el viaje.

—Por el dinero no te preocupes.

—Vamos, esta tarde tienes que ayudarme a redactar la carta para Marcelo.

Sevilla, 8 de abril de 1494

Querido Marcelo: Lo primero es pedirte perdón. Cuando vuelvas ya no estaré en Sevilla. Por mucho que te cueste creerlo, no ha sido una retirada ni una traición. Nunca te mentí respecto a mis sentimientos. Has sido bueno conmigo, siempre te agradeceré el sosiego y el cariño que me has dado. Decías que era normal, a nuestra edad, no sentir el ardor de la juventud. No te oculté que, desde muy niña, había estado enamorada y que el rescoldo de esa pasión no había terminado. Me asegurabas que tú harías que me olvidase de todo. Pues bien, Samuel ha vuelto y con él los sentimientos que estaban dormidos. Sí, después de sufrir las angustias de la separación, vuelvo a sentirme más enamorada, con la misma vehemencia que una chiquilla. Puede causar risa, pero es así.

Con él aquí nunca sería una buena esposa, lo sé. Debes buscar una mujer que viva para ti y, por más que me lo propusiera, no podría. Estamos a tiempo. Ahora te causa dolor, pero la herida sanará en cuanto encuentres la compañera que te mereces. Es lo que más deseo.

Sé el revuelo que esto causará en toda la ciudad. Habrá comentarios para todo. Dios sabe que me mueven los mejores sentimientos.

La boda será mañana. El padre Rodrigo comprendió mi postura y consideró que lo mejor era que nos casáramos cuanto antes. Samuel ya es cristiano, pero hay mucha gente que lo recuerda como judío. No conviene que lo vean mucho por aquí, así que la ceremonia se celebrará con toda discreción, en El Salvador pero a las siete de la mañana. Asistirán sólo mi familia más directa y mi entrañable amiga Laila. Luego marcharemos los tres a El Burgo, donde la espera José. Asistiremos a su boda, y los cuatro emprenderemos viaje a otro continente.

Que seas muy feliz. Un cariñoso saludo.

Carmen

La boda

Fue al amanecer. Samuel esperó a la puerta de El Salvador. No atinó a subir los escalones del atrio que daban paso a la iglesia, pues, cuando apareció la novia, se quedó absorto mirándola. La seda china, traída de muy lejos y regalo de su padre, realzaba las mejores cualidades del cuerpo de Carmen. La comitiva la abrió la sobrina pequeña, que portaba las arras. Seguía el señor Antonio, que ofrecía el brazo a su hija; el novio se lo daba a su cuñada Lola, a falta de la madre lejana. Cinco personas más, de las allegadas a la familia, componían el grupo. El órgano sonó como en las grandes ceremonias. En toda la iglesia resonaron los «síes» de aceptación del compromiso. El padre Rodrigo les dijo:

—Conozco los obstáculos y las adversidades que habéis tenido que pasar hasta uniros en matrimonio. Os deseo larga vida en el seno de nuestra Santa Madre Iglesia. Seguid juntos en la adversidad y en la dicha. Que Dios bendiga vuestra unión y os conceda hijos, para su mayor gloria. Sea enhorabuena.

La gente que pasaba por la plaza de la Alfalfa miraba con curiosidad el carruaje que esperaba en una esquina. El cochero trataba de calmar a los tres caballos del tiro. Terminado el refrigerio con que se obsequiaron novios e invitados, acomodaron el equipaje, que no era poco, y despidieron a los nuevos esposos, que, junto con Laila, emprendieron viaje rumbo a El Burgo.

—Menuda sorpresa se va a llevar José cuando nos vea llegar —comentó Laila nada más subir—. Él estuvo de acuerdo en esperar a que nuestra boda se celebrase después de la de Carmen, pero en el último viaje se llevó a su madre y a su hermana. Ya no aguantaban solos.

—Estoy loco por abrazarle. Él sabía que yo andaba por esos mundos intentando resolver el problema de nuestra unión.

—¿Y por qué no me lo dijo? —preguntó Carmen.

—Le hice prometer que no te dijese nada. Era todo muy difícil y sabía que, si tenías la más mínima esperanza de que nos volviéramos a encontrar, no aceptarías a otro hombre. Imagínate que no hubiese podido volver. No tenía derecho a que te pasaras la vida esperando.

—¿Ves, Laila? Cuántas veces te he dicho que José me ocultaba algo. No sé, pero las mujeres tenemos un sexto sentido para estas cosas.

—No quiero que nos pasemos la vida recordando malos momentos —dijo abrazando a su mujer—. Después de la boda de Laila embarcaremos los cuatro para Constantinopla.

Los campos de cereales hacían olas y mostraban las espigas, con distintos tonos de verde, próximas a la siega. Chopos, nogales, castaños, almendros..., todos llenos de primavera.

—Cochero, por favor —pidió Samuel—, afloje el trote. Aquí —les dijo a las mujeres— un viejo campesino me invitó a compartir su vino y su comida.

—¿Por qué no nos apeamos y tomamos algo? —sugirió Carmen—. Es un buen sitio y así podrás comparar la compañía de entonces con la de ahora.

—No sé, quizá prefiera la del viejo —bromeó Samuel.

Todos rieron la ocurrencia mientras compartían las viandas. Repuestas las fuerzas, continuaron.

—Ése es el pueblo —anunció el cochero.

Apareció el conjunto de casas blancas protegidas por la muralla. Arriba, el castillo. La puerta principal estaba entre dos torreones. El ruido de los cascos se amortiguaba por el rodar sobre las piedras de una calle empinada. A la derecha había un torreón vigía desde donde se contemplaba la vega. En todo lo alto estaba situada una plaza de donde salían distintas calles. En una de ellas sonaban los yunques de dos herrerías. En otra el letrero de una posada servía de aviso al caminante.

—Es allí. José me habló de cómo era la casa —dijo Laila señalando una con frondosas parras en la puerta.

No hubo tiempo para preguntar porque inmediatamente vieron a la madre y a la hermana, que asomadas observaban al grupo de viajeros.

—¡Es Laila! —gritó la mayor de las mujeres—. ¡Qué sorpresa! ¿Qué hacéis aquí?

Los efusivos saludos se repitieron ante la mirada curiosa de algunos vecinos.

—Ésta es nuestra casa, y la vuestra —siguió diciendo la madre—. Pasad. Bajaremos el equipaje y después iremos todos al encuentro de José. Está en la tierra trabajando. Se alegrará cuando os vea.

Los dos hermanos se afanaban por limpiar de malas hierbas el huerto, mientras José trataba de conducir el agua de riego.

—¡José!

—¡Samuel!

Corrieron al encuentro. El campesino iba de sorpresa en sorpresa.

—¡Laila! ¡Carmen!

Todo fueron parabienes. Abrazados, se atropellaban unos a otros para tratar de explicar el porqué de su llegada.

Admiraron la casa, en donde fueron atendidos como invitados de excepción. Era muy parecida a la de Casarabonela, pero algo más amplia.

—No pongas ninguna excusa —dijo Samuel en la sobremesa de una copiosa cena—. Arregla todo para que después de vuestra boda os vengáis con nosotros a Constantinopla.

—¿Tú qué dices, Laila? —preguntó José a su prometida.

—Yo no tengo más obligaciones que las tuyas. Si es posible, me gustaría.

—José —comentó uno de los hermanos—, por el trabajo no lo hagas. Nosotros saldremos adelante. Además podemos permitirnos el lujo de pagar jornales para la siega.

—Entonces, nuestra unión debe ser cuanto antes. Para el otoño será la boda de mi hermana y no puedo faltar.

—¡Rosa, qué callado te lo tenías! —comentó Carmen. La muchacha respondió con una sonrisa—. ¿Y quién es el novio, si puede saberse?

—Es un chico de Casarabonela, amigo de José.

—Efectivamente —aclaró el hermano—. Lo conocí en la guerra. Está en muy buena posición porque se destacó por su valentía y le concedieron uno de los mejores lotes de tierras.

—Cuéntale cómo le llaman —pidió Rosa.

—Es muy curioso. Cuando estábamos en una de las batallas para la toma de Ronda, Diego, que es el nombre del novio, en medio de todo el fragor, arriesgando su vida, corrió hasta un cerro y plantó nuestra bandera. Los moros, al ver la enseña, pensaron que todo estaba perdido y corrieron despavoridos abandonando toda la zona. Fue una de nuestras más rotundas victorias. El hecho fue muy comentado, así es que cuando nos referíamos a Diego, decíamos siempre el «de la bandera». Enterado el rey de la gesta, quiso que el alias pasara a ser apellido para él y toda su descendencia. Desde entonces es Diego de la Bandera.

—Me alegro, Rosita, de que tengas suerte. Tenía razón tu hermano, aquí has encontrado mejor marido.

—Samuel —intervino Carmen—, me gustaría estar en su boda.

—A mí también, pero será imposible. Tendré que estar un tiempo suficiente hasta que me habitúe a mi trabajo. Todo es desconocido y el príncipe ha puesto en mí demasiada confianza, no puedo fallar. Tendrá que pasar más tiempo. Te prometo que, en cuanto pueda, vendremos a visitar a los amigos y continuaremos hacia Fez. Ya mi familia está enterada de todo mi peregrinar, pero estoy deseando abrazarlos.

—¿Qué dirán cuando me vean?

—Comprobarán lo feliz que me has hecho y terminarán queriéndote. Es posible que para finales de abril —continuó Samuel— Jusuf, nuestro buen amigo, esté en el puerto de Málaga. Puede que *La Granada* viaje hasta Turquía y si no, él nos puede ayudar para encontrar mejor acomodo. Además me gustaría verlo. Nunca le agradeceré bastante lo que hizo por mí.

—Entonces está claro cuál tiene que ser la fecha de vuestra boda, José —comentó Carmen.

No era tiempo de borrascas. Durante el mes que duró la travesía, las parejas ocuparon las dos mejores estancias de *La Granada*, aunque siempre soportando las incomodidades del barco.

Apareció Constantinopla, la ciudad fundada por el emperador Constantino sobre siete colinas para emular a Roma. Dos puentes sobre el Cuerno de Oro unían Asia y Europa. De entre todos los minaretes se destacaba la cúpula de la mítica Santa Sofía, convertida en mezquita desde que los turcos tomaron posesión de la ciudad. Jusuf trataba de dar explicaciones a las parejas. Vano intento porque la emoción no les dejaba escuchar.

El carruaje que los condujo hasta el palacio de Topkapi, residencia del sultán donde Djem ocupaba un pabellón, recorrió un dédalo de callejuelas animadas por un ir y venir incesante de gente que compraba y vendía de todo. Al fin llegaron al palacio que dominaba el Bósforo, digna residencia de señor tan poderoso.

—¿Qué sientes? —preguntó Samuel a su esposa.

—No sé, estoy viviendo un sueño...

Índice